Le ministère public
et les voies d'exécution
en droit OHADA

Noël Durbois TACHAGO YOUMSSI

Le ministère public et les voies d'exécution en droit OHADA

Étude à partir du droit positif camerounais

L'Harmattan

5-7, rue de l'École-Polytechnique, 75005 Paris
http://www.editions-harmattan.fr
ISBN : 978-2-343-15723-8
EAN : 9782343157238

À mes parents

ABRÉVIATIONS

Al. : Alinéa.

Art. : Article.

Ass. : Assemblée.

Ass. Pl. : Assemblée plénière.

AUPCAP : Acte uniforme portant organisation des procédures collectives d'apurement du passif.

AUPSRVE : Acte uniforme portant organisation des procédures simplifiées de recouvrement et des voies d'exécution.

Bull. : Bulletin.

C./ : Contre.

CA : Cour d'appel.

CADHP : Charte africaine des droits de l'homme et des peuples.

Cass. Civ. : Cour de cassation française, chambre civile.

Cass. Crim ou Crim. : Cour de cassation française, chambre criminelle.

CCA : Conseil du contentieux administratif.

CCJA : Cour commune de justice et d'arbitrage de l'OHADA.

CE : Conseil d'État français.

CEDH. : Cour européenne des droits de l'homme.

CFJ : Cour fédérale de justice.

Com. ADHP : Commission africaine des droits de l'homme et des peuples.

CP : Code pénal.

CPCC : Code de procédure civile et commerciale.

CPP : Code de procédure pénale

CS : Cour suprême du Cameroun.

Éd. : Édition.

ERSUMA : École régionale supérieure de la magistrature de l'OHADA.

Fasc. : Fascicule.

Idem : Au même endroit.

Ibid. : Au même endroit, mais pas à la même page.

In. : Dans.

Infra : Plus bas.

JCl. V. E. : Juris Classeur Voies d'exécution.

JP : Juridis Périodique.

L.G.D.J. : Librairie générale de droit et de jurisprudence.

N°/N°s : Numéro/Numéros.

Obs. : Observations.

OHADA : Organisation pour l'Harmonisation en Afrique de Droit des Affaires.

Op. cit. : Opere citato (Cité plus haut).

Ord. : Ordonnance.

P./PP. : Page/Pages.

PUA : Presses universitaires d'Afrique.

PUF : Presses universitaires de France.

RCDA : Revue camerounaise de droit de l'arbitrage.

RJP : Revue juridique et politique.

Rép. pén. Dalloz : Répertoire de droit pénal et de procédure pénale Dalloz.

Rép. pr. civ Dalloz : Répertoire de procédure civile Dalloz.

Rép. resp. puiss. publ. Dalloz : Répertoire de la responsabilité de la puissance publique Dalloz.

RTD Civ. : Revue trimestrielle de droit civil.

RTSJ : Revue togolaise des sciences juridiques.

S. : Suivant.

Supra : plus haut.

Spéc. : Spécialement.

TRHC : Tribunal régional hors classe.

TGI : Tribunal de grande instance.

TPI : Tribunal de première instance.

V. : Voir.

Vol. : Volume.

SOMMAIRE

SOMMAIRE

INTRODUCTION GÉNÉRALE

Les voies d'exécution dont l'objet est l'exécution forcée sont des moyens de contrainte qui permettent d'obtenir la réalisation d'un droit[1]. Elles rentrent dans le domaine du droit des affaires tel que défini par l'article 2 du Traité OHADA[2], et font ainsi l'objet du livre 2 de l'Acte uniforme sur les Procédures Simplifiées de Recouvrement et les Voies d'Exécution (AUPSRVE)[3]. Cette législation consacre un ensemble d'organes, aussi bien judiciaires qu'extrajudiciaires, qui interviennent pour la réalisation des voies d'exécution. Il s'agit du juge[4], de l'huissier[5], du notaire[6], du greffier[7] et de l'État[8].

---

1 Comme l'écrivait le Doyen CARBONNIER, « *l'obligation juridique peut trouver son achèvement dans une exécution forcée* ». CABONNIER (J.), *Flexible droit, Pour une sociologie du droit sans rigueur*, 10e éd., LGDJ, Paris, 2001, p. 325.

2 Pour une compréhension de l'OHADA, voir entre autres, POUGOUE (P.-G.) et KALIEU ELONGO (Y. R.), *Introduction critique à l'OHADA*, PUA, Yaoundé, 2008, 225 p. ; MOULOUL (A.), *Comprendre l'OHADA*, PUA, Yaoundé, 2009, 95 p.

3 Cette législation a été adoptée le 10 avril 1998 à Libreville (Gabon), et est entrée en vigueur le 10 juillet 1998 conformément à l'article 9 ancien du Traité OHADA qui prévoyait que « *les actes uniformes entrent en vigueur quatre- vingt -dix jours après leur adoption sauf modalités particulières d'entrée en vigueur prévues par l'acte uniforme lui-même* ».

4 V. ASSONTSA (R.), *Le juge et les voies d'exécution depuis la réforme de l'OHADA,* thèse, Universités de Dschang et de Strasbourg, 2009.

5 V. OMAM (F.), « Le rôle de l'Huissier en matière d'exécution des décisions de justice depuis l'Acte uniforme relatif aux mesures de recouvrement forcé et aux voies d'exécution », *RCDA* n° 4, juil. -

Il est alors donné de constater que le ministère public ne figure pas parmi ces organes des voies d'exécution consacrés par l'AUPSRVE. En cela, cette législation se démarque de la législation française des procédures civiles d'exécution de 1991[9] dont elle s'est inspirée. Dès lors, il peut paraître surprenant d'entreprendre une étude sur le ministère public et les voies d'exécution OHADA. Pourtant, des raisons existent qui confortent une telle entreprise. En effet, le ministère public poursuit essentiellement une mission d'intérêt social. Or, il y a nécessairement un intérêt social dans l'exécution des titres exécutoires, ne serait-ce que la préservation de la paix publique[10]. Cet intérêt peut alors suffire à fonder l'intervention du ministère public dans le cadre de l'exécution forcée.

En outre, les bases d'une intervention du ministère public dans les voies d'exécution OHADA peuvent se déduire de l'article 29 alinéa 1 de l'AUPSRVE, lequel dispose que « *l'État est tenu de prêter son concours à*

---

sept. 2000, pp. 9 et s. Rappelons que selon l'article premier alinéa 1c du décret n° 79/448 du 5 novembre 1979 (plusieurs fois modifié) portant règlementation des fonctions et fixant le statut des huissiers, ceux-ci sont des officiers ministériels chargés entre autres de l'exécution des décisions de justice et des autres titres exécutoires.

[6] V. SILIENOU (H.), *Le notaire et l'exécution forcée en droit de l'OHADA*, mémoire de master, Université de Dschang, 2011.

[7] V. art. 183 et s. de l'AUPSRVE.

[8] V. BODIAN (Y.), *La situation de l'État dans les procédures civiles d'exécution*, thèse, Université Cheikh Anta Diop de Dakar, janvier 2012.

[9] Il s'agit de la loi n° 91-650 du 9 juillet 1991 portant réforme des procédures civiles d'exécution. Cette réforme avait en effet confié plusieurs missions au ministère public, dont celle de recherche d'informations qui incombe désormais à l'huissier. V. CASAL (N.), « Le ministère public », *J. Cl. V. E.*, Fasc. 310, 8 octobre 2014.

[10] BRENER (C.), *Procédures civiles d'exécution, Cours,* 8e éd., Dalloz, Paris, 2015, n° s 15 et 45.

l'exécution des décisions et des autres titres exécutoires ». Il se trouve en effet que le ministère public est un organe de l'État placé auprès des juridictions, et auquel la loi a confié la mission de veiller à l'exécution des décisions de justice et des autres titres exécutoires. Aux termes de l'article 29 alinéa 1 de la loi n° 2006/015 du 29 décembre 2006 portant organisation judiciaire, modifiée et complétée par la loi n° 2011/027 du 14 décembre 2011, « *le ministère public ou parquet veille à l'application des (...) décisions de justice* ». Dans le même sens, la formule exécutoire énoncée par l'article 11 de la même loi prévoit que « *le président de la République mande et ordonne (...) aux procureurs généraux, aux procureurs de la République [de] tenir la main* » à l'exécution des titres exécutoires[11].

Quoiqu'elles n'éclairent pas sur l'action du ministère public dans l'exécution des titres exécutoires, ces dispositions peuvent néanmoins suffire à justifier une étude sur **le ministère public et les voies d'exécution régies par le droit OHADA.**

Les voies d'exécution trouvent leur cause tant dans le risque d'impayé[12] que dans l'impayé[13]. Confronté à cette situation, le créancier peut recourir à l'exécution forcée qui au demeurant est un droit pour lui[14]. Ce droit a

[11] Voir la formule exécutoire prévue par l'article 11 de la loi n° 2006/015 du 29 décembre 2006 portant organisation judiciaire, modifiée et complétée par la loi n° 2011/027 du 14 décembre 2011.

[12] V. art. 54 AUPSRVE.

[13] V. art. 28 AUPSRVE.

[14] Le droit à l'exécution forcée fût à l'occasion consacré en Europe par la CEDH dans le célèbre arrêt Hornsby c./Grèce, rendu le 19 mars 1997. V. : WANDJI KAMGA (A.-D.), *Le droit à l'exécution forcée, réflexion à partir des systèmes juridiques camerounais et français*, thèse, Universités de Yaoundé II et de Limoges ; FOMETEU (J.), « Théorie générale des voies d'exécution OHADA », *in*

longtemps porté sur la personne du débiteur avant de se déporter plus tard sur ses biens[15]. En effet, avec l'avènement du Code civil de 1804 dont les articles 2092 et 2093 posent que les biens du débiteur répondent de ses obligations à l'égard de ses créanciers, et la suppression de la contrainte par corps pour les dettes civiles et commerciales[16], l'exécution forcée ne porte désormais que sur les biens du débiteur. Cette exécution avait à l'origine été organisée par le CPCC de 1806, lequel réglementait les saisies[17]. Celles-ci constituent alors les voies d'exécution par excellence[18].

S'inspirant de la définition proposée par une doctrine autorisée[19], l'on peut en effet définir les voies d'exécution comme un ensemble de mesures et de techniques juridiques permettant au créancier qui remplit certaines conditions[20], de mettre sous main de justice les biens de

---

POUGOUE (P.-G.) (dir.), *Encyclopédie du droit OHADA*, Lamy, Paris, 2011, pp. 2056 - 2086, spéc. pp. 2058 et s. ; BRENER (C.), *Procédures civiles d'exécution, Cours, op. cit.*, n° 29.

[15] Pour un historique des voies d'exécution, v. VINCKEL (F.), « Droit de l'exécution. - Présentation générale », *JCl. V. E.,* Fasc. 120, 22 octobre 2015, n° 3.

[16] Cette suppression fut l'œuvre d'une loi du 22 juillet 1867. Notons toutefois que la contrainte par corps demeure au Cameroun pour le paiement des condamnations pécuniaires civiles intervenues à la suite d'une condamnation pénale. V. art. 558 alinéa 2c du CPP.

[17] V. art. 259 et s. du CPCC de 1806.

[18] CABONNIER (J.), *Flexible droit, Pour une sociologie du droit sans rigueur*, *op. cit.*, pp. 328 et s.

[19] POUGOUE (P.-G.) et TEPPI KOLLOKO (F.), *La saisie immobilière dans l'espace OHADA*, 3e éd, PUA, Yaoundé, 2016, n° 4.

[20] Il s'agit de l'obtention d'un titre exécutoire ou d'une autorisation judiciaire pour les saisies conservatoires. Toutefois aux termes de l'article 55 alinéa 2 de l'AUPSRVE, le titre exécutoire ou l'autorisation judiciaire n'est pas nécessaire pour la saisie conservatoire en cas de défaut de paiement dûment établi, d'une lettre de change acceptée, d'un billet à ordre, d'un chèque, ou d'un loyer

son débiteur afin d'obtenir la réalisation de son droit. Ce droit peut consister dans le paiement d'une somme d'argent, la délivrance ou la restitution d'un bien.

Le mot « exécution » que l'on retrouve dans la notion de voies d'exécution se situe à cheval entre le droit substantiel[21] et le droit processuel. Étymologiquement, il vient du mot latin *executio*. Celui-ci provient lui-même du verbe latin *exsequor*, lequel signifie suivre jusqu'au bout, poursuivre. Il s'agit là du sens du mot « *exécution* » en droit processuel, et c'est dans ce sens que l'on devrait l'entendre dans la notion de voies d'exécution. Il peut aussi être entendu « *comme la mise en œuvre d'une emprise sur le patrimoine du débiteur ou sur les biens que celui-ci est tenu de [délivrer ou] restituer* »[22], suivant une procédure bien déterminée. Les voies d'exécution sont ainsi des procédures[23]. On les appelle aussi les procédures civiles d'exécution[24]. Et le mot « *procédure* » vient du mot latin *procedere* qui signifie aller de l'avant. Il ne s'agit donc pas de la procédure au sens d'une instance judiciaire, mais plutôt au sens étymologique du terme ; compris

---

impayé après commandement dès lors que ce loyer est dû en vertu d'un contrat de bail d'immeuble écrit.

[21] En droit substantiel, l'exécution est l'accomplissement par le débiteur de la prestation due ; le fait de remplir son obligation. CORNU (G.) (dir.), *Vocabulaire juridique*, dernière éd, PUF, Paris, 2012, p. 427.

[22] LEBORGNE (A.), *Droit de l'exécution*, 2e éd., Dalloz, Paris, 2014, n° 1.

[23] V. : POUGOUE (P.-G.) et TEPPI KOLLOKO (F.), *La saisie immobilière dans l'espace OHADA*, PUA, Yaoundé, 2005, p.126 ; CABONNIER (J.), *Flexible droit, Pour une sociologie du droit sans rigueur*, *op. cit.*, p. 328.

[24] En France, depuis la réforme de 1991 on parle désormais de « *procédures civiles d'exécution* ». Cette réforme fût l'œuvre de la loi n° 91-650 du 9 juillet 1991portant réforme des procédures civiles d'exécution.

comme le fait d'aller de l'avant, en accomplissant des actes qui peuvent ne pas être judiciaires. Comme l'affirme d'ailleurs un auteur, « *les voies d'exécution se situent aux confins de la vie judiciaire à un moment où les voix du prétoire se sont tues* »[25]. La loi fait alors intervenir dès ce moment le ministère public[26] pour veiller à l'application des décisions du prétoire.

En effet, la rencontre entre les voies d'exécution et le ministère public remonte au lendemain de la Révolution française de 1789 où ce dernier s'était vu confier la mission de faire exécuter les jugements. L'article 1 du titre VIII de la loi du 16-24 août 1790 prévoyait alors que « *les officiers du ministère public sont agents du pouvoir exécutif auprès des tribunaux. Leurs fonctions consistent à (...) faire exécuter les jugements rendus* ». Dans le même sens, l'article 46 alinéa 2 de la loi du 20 avril 1810 prévoyait également que le ministère public « *surveille l'exécution des lois, des arrêts et des jugements, il poursuit d'office cette exécution dans les dispositions qui intéressent l'ordre public* »[27]. L'on remarque donc ainsi que la Révolution française n'a pas emporté l'institution du ministère public, grande figure de l'ère du pouvoir royal et dont les origines datent de cette ère.

Les ancêtres du ministère public sont en effet les collaborateurs dont les rois de France se dotèrent à l'époque de l'Ancien Régime pour la défense de leurs intérêts, qui se confondaient généralement à ceux de

---

[25] ASSONTSA (R.), *Le juge et les voies d'exécution depuis la réforme de l'OHADA*, thèse précitée, p. 20.
[26] V. FLORES (P.), « Ministère public », *Rép. pr. civ. Dalloz*, avril 2009 ; CASAL (N.), « Le ministère public », article précité.
[27] FLORES (P.), « Ministère public », article précité, n° 2.

l'État[28]. Appelés *Gens du roi,* ces collaborateurs, choisis parmi les avocats ordinaires, étaient ainsi composés de l'avocat du roi et surtout du procureur du roi. Ces derniers vont alors se consacrer à la défense des intérêts du Roi au point de devenir un corps de fonctionnaires siégeant dans les parlements et dans les tribunaux où ils auront la qualité de magistrat[29], représentant ainsi la puissance publique. Après la Révolution française de 1789, l'institution du ministère public subira des mutations pour s'adapter aux nouvelles exigences[30].

Au Cameroun, le ministère public est apparu dans l'ex-partie orientale lors de la période coloniale à travers les différentes législations coloniales applicables dans cette partie du Cameroun. Ainsi, le code d'instruction criminelle ou encore le décret du 31 juillet 1927 relatif à l'organisation judiciaire prévoyait déjà l'institution du ministère public. Depuis lors, cette institution sera reprise dans les législations successives relatives à l'organisation judiciaire au Cameroun ; de l'ordonnance n° 59-86 du 17 décembre 1959 fixant l'organisation judiciaire de l'État à la loi n° 2006/015 du 29 décembre 2006 portant organisation judiciaire, en passant par l'ordonnance n° 72/4 du 26 août 1972 portant organisation des juridictions de droit commun.

Une autre appellation à travers laquelle l'on désigne également le ministère public est celle de parquet. Celle-ci trouve en effet son origine dans la place qu'occupaient les

---

[28] MARTIN (R.), « Faut-il supprimer le ministère public ? (devant les juridictions civiles et administratives) », *RTD Civ.*, 1998, p. 874, n° 4.
[29] BETOULLE (J.), « Magistrat », *Rép. pr. civ. Dalloz*, septembre 2011.
[30] V. MARTIN (R.), « Faut-il supprimer le ministère public ? (devant les juridictions civiles et administratives) », article précité ; FLORES (P.), « Ministère public », article précité, n°s 2 et s.

Gens du Roi dans la salle d'audience. Toutefois, tandis que certains attribuent cette appellation de parquet au fait que les agents du ministère public se tenaient sur le parquet alors qu'ils n'avaient pas accès à l'estrade sur laquelle se trouvait le juge, d'autres estiment par contre que cette appellation proviendrait de ce que les agents du ministère public se trouvaient dans une petite enceinte spéciale, formant une sorte de parc[31]. Quoi qu'il en soit, cette discussion est sans secours dans la définition du ministère public.

En effet, définir cette institution aux fonctions diverses et au statut ambigu n'est pas chose aisée. L'on se contentera toutefois de la définition proposée par un auteur, quoique conscient de ce qu'elle ne rend pas compte de toute la réalité de l'institution du ministère public[32]. Celui-ci définit alors le ministère public comme, « *une magistrature spéciale établie auprès de certaines juridictions à l'effet de représenter la société et, en son nom, de faire observer, dans les jugements à rendre, les lois qui intéressent l'ordre général, de faire exécuter les jugements rendus, et d'exercer l'action publique* »[33].

Dans tous les États membres de l'OHADA, lesquels sont pour la plupart de tradition juridique française, l'on retrouve l'institution du ministère public ; quoique les

---

[31] V. : FLORES (P.), « Ministère public », article précité, n° 1 ; NDJERE (E.), *Le ministère public ou Parquet*, Tome I, 2e éd., PUCAC, Yaoundé, 2012, p. 15.

[32] Il est en effet assez difficile, voire impossible, de donner une définition d'ensemble du ministère public, du fait notamment de la grande diversité de ses fonctions.

[33] GOYET (F.), « Le Ministère public en matière civile et en matière répressive et l'exercice de l'action publique », cité par NGANDO (J. M.), *Le ministère public dans les procédures collectives OHADA*, mémoire de master, Université de Dschang, 2014, p. 3.

configurations et les attributions diffèrent parfois[34]. Au Cameroun, la composition du ministère public que l'on retrouve auprès des juridictions de droit moderne varie en fonction du degré de celles-ci[35]. Ainsi, auprès des juridictions d'instance[36], le ministère public est composé d'un procureur de la République et de substituts du procureur de la République[37]. Auprès de la Cour d'appel, il est composé d'un procureur général, d'Avocats généraux, de substituts du procureur général et d'attachés de parquet[38]. Enfin, auprès de la Cour suprême, le ministère public est composé d'un procureur général, d'un premier Avocat général et d'Avocats généraux[39]. Cette institution se caractérise principalement par la subordination hiérarchique des magistrats[40] qui la constituent, lesquels sont également indépendants, irrécusables[41] et indivisibles[42].

---

[34] V. l'organisation judiciaire des États membres de l'OHADA sur www.ohada.com

[35] Sur l'organisation judiciaire du Cameroun, v. KALIEU ELONGO (Y. R.), « L'organisation judiciaire du Cameroun », www.ohada.com ; SOCKENG (R.), *Les institutions judiciaires au Cameroun*, 4ème éd, MACACOS, 2005, 239 p.

[36] Il s'agit du Tribunal de Première Instance et du Tribunal de Grande Instance. V. les chapitres 2 et 3 de la loi n° 2006/015 du 29 décembre 2006 portant organisation judiciaire, modifiée et complétée par la loi n° 2011/027 du 14 décembre 2011.

[37] Art. 14 alinéa 1c et 17 alinéa 1c de la loi ci-dessus.

[38] Art. 20 alinéa 1 b de la loi ci-dessus.

[39] Art. 4 b de la loi n° 2006/016 du 29 décembre 2006 fixant l'organisation et le fonctionnement de la Cour suprême.

[40] Art. 30 alinéas 1 et 2 de la loi ci-dessus portant organisation judiciaire au Cameroun et art. 3 alinéa 1er du décret n° 95/048 du 8 mars 1995 portant statut de la magistrature.

[41] Art. 161 du CPCC. Les magistrats du ministère public peuvent toutefois être récusés lorsque le ministère public est partie jointe. Lire BEN HADJ YAHIA (S.), « Récusation et renvoi », *Rép. pr. civ. Dalloz*, juin 2012, n° 19.

Le domaine d'intervention par excellence du ministère public est la matière pénale où il exerce l'action publique. Cependant, le droit contemporain révèle un ministère public qui n'est plus confiné à la matière pénale. En plus de ses fonctions dans cette matière, lesquelles sont aussi bien judiciaires qu'extrajudiciaires, le ministère public dispose de bien d'autres fonctions dans diverses autres matières non répressives[43] et extrajudiciaires. Cette extension du domaine matériel des fonctions du ministère public peine cependant dans les voies d'exécution où pourtant, l'intervention de cette institution paraît opportune.

En effet, la mise en œuvre des voies d'exécution est de nature à susciter plusieurs sortes de difficultés. La plupart de ces difficultés est réglée par le juge. Mais d'autres au contraire échappent à la sphère de compétence de celui-ci ou mieux encore, ne correspondent pas à son office. Le ministère public pourrait alors intervenir pour régler ces difficultés qui échappent à l'office du juge.

---

[42] Art. 127 alinéa 1 du CPP.

[43] Á l'instar des procédures collectives, v. NGANDO (J. M.), *Le Ministère public dans les procédures collectives OHADA*, mémoire précité ; du droit de la propriété intellectuelle, v. NGO'O (S. E.), et NGUELE MBALLA (F.), « Le ministère public et la mise en mouvement de l'action civile en droit de la propriété intellectuelle dans l'espace OHADA », *Revue de l'ERSUMA,* n° 6, janvier 2016, pp. 403 - 415 ; et de bien d'autres matières non répressives, v. COTTIN (M.) et autres, *Le parquet en matière civile, sociale et commerciale : recensement des textes et étude empirique des activités non pénales du parquet*, étude du Centre de Recherches Critiques sur le Droit, Université Jean Monnet, Saint-Étienne 2011, 505 p., disponible sur : http//www.gip-recherche-justice.fr/wp-contenu/uploads/2014/07/08-39-pdf ; v. également, « Le ministère public dans ses fonctions non pénales », discours prononcé à l'audience solennelle de rentrée de la Cour de cassation de Belgique, le 1er septembre 2004 par Monsieur Jean du JARDIN, ex-procureur général près ladite Cour.

Malheureusement, l'AUPSRVE n'a pas consacré cette institution à cet effet. Le droit national pallie cependant cette carence à travers ses dispositions qui confient au ministère public la mission de veiller à l'exécution des titres exécutoires[44]. Il s'agit toutefois de dispositions générales et vagues qui ne définissent pas concrètement l'action du ministère public dans l'exécution des titres exécutoires, et aucun texte ne les précise non plus en matière civile comme c'est le cas en matière pénale[45]. Il demeure toutefois que ces dispositions marquent l'intervention du ministère public dans l'exécution forcée qui fait l'objet des voies d'exécution OHADA. Pour quel rôle le ministère public intervient-il alors dans le cadre des voies d'exécution OHADA ? Ce rôle est-il de nature à assurer un équilibre entre les différents intérêts en présence dans le cadre des voies d'exécution, l'intérêt du créancier, celui du débiteur et enfin celui de la société ?

La question ainsi posée présente un double intérêt, théorique et pratique.

Sur le plan théorique, l'étude du ministère public dans les voies d'exécution OHADA peut être aussi digne d'intérêt que celle des organes expressément consacrés par l'AUPSRVE. La présente étude est alors l'occasion d'analyser et d'apprécier au double point de vue de la théorie et de la pratique juridique, l'action du ministère public dans le cadre de l'exécution des titres exécutoires,

---

[44] Art. 11 et 29 al. 1 ci-dessus cités de la loi portant organisation judiciaire.

[45] En matière pénale, le CPP intervient à la suite de l'article 29 al. 1 ci-dessus cité de la loi portant organisation judiciaire pour préciser le rôle ou l'action du ministère public dans l'exécution des décisions de justice pénales. V. SOUOP (S.), *L'exécution des décisions pénales, Commentaire du livre V du Code de procédure pénale*, PUA, Yaoundé, 2007.

et partant d'envisager un réajustement et un réaménagement de cette action pour une meilleure efficacité des voies d'exécution OHADA, voire du droit OHADA en général.

Sur le plan pratique, les analyses et appréciations ainsi faites permettront aux acteurs du processus judiciaire en général et aux magistrats du ministère public en particulier de mieux appréhender le rôle qui peut être celui du ministère public dans l'exécution des titres exécutoires. De même, cette étude est l'occasion de présenter telle que cela s'observe dans la pratique, la mise à l'épreuve de l'exécution forcée par le ministère public, et d'envisager des solutions à cette situation.

La question du ministère public et les voies d'exécution OHADA a suscité la controverse tant dans la pratique qu'au sein de la doctrine. Cette controverse se rapporte au principe même de l'intervention du ministère public dans le processus des voies d'exécution OHADA. La tentation est alors grande d'aborder cette question sous l'angle de cette controverse, en confrontant à cet effet le droit OHADA et le droit national qui apparaissent opposés à ce sujet. Mais cette façon de procéder limite cette étude à une dimension théorique, alors que la matière des voies d'exécution se veut davantage pratique. De même, les voies d'exécution mettent souvent en jeux deux grands intérêts susceptibles de s'opposer : l'intérêt privé du créancier qui réside dans la réalisation de son droit et l'intérêt général qui réside dans la préservation de l'ordre public, que la mise en œuvre des voies d'exécution pourrait perturber. Il est alors tentant d'aller sur cette base, pour ainsi apprécier la nécessité ou l'opportunité de l'intervention du ministère public dans les voies d'exécution OHADA. Cette approche ne permet cependant pas de rendre suffisamment compte de toute la réalité du sujet de cette étude, en ce que des aspects intrinsèques à l'institution du ministère public ne pourront pas être suffisamment abordés. Il nous semble alors qu'il serait plus judicieux d'envisager la question du ministère public et les voies d'exécution OHADA sous un angle plus vaste qui au demeurant, englobe les éléments des deux approches ci-dessus livrées. On partira alors des fonctions du ministère public et de son statut pour démontrer son action ou la nécessité de celle-ci dans le cadre des voies d'exécution OHADA, ainsi que la portée de cette action.

Le ministère public et les voies d'exécution OHADA sont deux concepts juridiquement codifiés. À ce titre, leur étude passe principalement par l'exégèse. Cette méthode nous permettra d'analyser les textes afin d'établir l'action du ministère public dans le cadre des voies d'exécution OHADA. Mais parce que « *les meilleurs esprits reconnaissent aujourd'hui qu'il est nécessaire pour l'étudiant en droit de ne pas s'enfermer dans les études de pure exégèse* »[46], nous ferons recours à d'autres méthodes. Ainsi, la casuistique sera utilisée. Elle nous permettra de faire une analyse de la jurisprudence et de la pratique relatives au sujet de cette étude. Enfin, dans un élan d'ouverture, nous utiliserons la méthode comparative. Ce sera alors l'occasion de convoquer le droit comparé, en l'occurrence le droit français qui entre-temps a connu des évolutions sur le sujet de cette étude. Cette démarche scientifique permettra alors de vérifier l'hypothèse de recherche suivante.

En effet, la mission du ministère public de veiller à l'exécution des titres exécutoires marque le concours de

---

[46] DURKHEIM (E.), « Cours de science sociale », Leçon d'ouverture (1888), Revue Internationale de l'Enseignement, XV, pp. 23 - 48, cité par ASSONTSA (R.), *Le juge et les voies d'exécution depuis la réforme de l'OHADA*, thèse précitée, p. 36.

cette institution à la réalisation des voies d'exécution OHADA dont l'objet n'est autre que l'exécution forcée de ces titres. Cependant, le ministère public peut parfois se détourner de cette mission, et entraver ainsi cette réalisation des voies d'exécution OHADA. Il s'en dégage alors les deux grandes divisions de cette étude :

- **Première partie : Le concours du ministère public à la réalisation des voies d'exécution OHADA.**
- **Seconde partie : Les entraves du ministère public à la réalisation des voies d'exécution OHADA.**

PREMIÈRE PARTIE :

LE CONCOURS DU MINISTÈRE PUBLIC À LA RÉALISATION DES VOIES D'EXÉCUTION OHADA

L'article 29 de l'AUPSRVE fait obligation à l'État de prêter son concours à l'exécution forcée[47]. Au plan interne, l'État relaie cette obligation à ses différents organes, dont le ministère public auquel il confie la mission de veiller et de « *tenir la main* » à l'exécution des titres exécutoires. Le ministère public est ainsi appelé à apporter son concours à la réalisation des voies d'exécution OHADA.

On entend en effet par ce concours, l'action du ministère public, quelle qu'elle soit, et qui vise même accessoirement la réalisation des voies d'exécution OHADA ou l'application du droit OHADA des voies d'exécution. Cette action s'inscrit dans le cadre des fonctions du ministère public, lesquelles sont assez diverses. Cependant, certaines fonctions habituellement reconnues au ministère public ne font pas l'unanimité dans le domaine de ce concours.

Le domaine du concours du ministère public à la réalisation des voies d'exécution OHADA s'annonce ainsi donc restreint (**chapitre I**). Il nous semble alors opportun d'envisager son élargissement, et des perspectives à cet effet ne manquent pas (**chapitre II**).

---

[47] V. BODIAN (Y.), *La situation de l'État dans les procédures civiles d'exécution*, thèse précitée, pp. 247 et s.

CHAPITRE I :

LE DOMAINE RESTREINT DU CONCOURS

Le domaine du concours du ministère public à la réalisation des voies d'exécution OHADA est constitué des fonctions de celui-ci. Ces fonctions peuvent être classées en fonctions judiciaires et fonctions extrajudiciaires, et en fonctions répressives et fonctions non répressives.

Les fonctions répressives du ministère public peuvent être judiciaires ou extrajudiciaires. Elles se rapportent principalement à l'exercice de l'action publique en matière pénale, et l'on peut y associer toutes autres fonctions du ministère public en rapport avec la force publique, à laquelle est liée l'idée de répression. Les fonctions non répressives du ministère public quant à elles peuvent également être judiciaires ou extrajudiciaires. Les premières, qui nous intéressent dans cette étude, se rapportent essentiellement aux interventions du ministère public dans le procès civil.

Cette diversité des fonctions du ministère public aboutit ainsi à un concours transversal de celui-ci à la réalisation des voies d'exécution OHADA. Mais en adoptant la distinction fonctions répressives et fonctions non répressives du ministère public, l'on parvient à cerner ce concours dans un double domaine, répressif **(section I)** et non répressif **(section II).**

SECTION I : LE DOMAINE RÉPRESSIF DU CONCOURS

Dans le domaine répressif, le concours du ministère public à la réalisation des voies d'exécution OHADA se réalise à travers l'autorisation du concours de la force publique à l'exécution forcée **(paragraphe I)**. Les agents de la force publique ainsi déployés dans le cadre de l'exécution forcée devront également informer le procureur de la République des infractions dont ils auront eu connaissance à cette occasion, afin que celui-ci exerce les poursuites pénales contre leurs auteurs **(paragraphe II).**

Paragraphe I : L'autorisation par le ministère public du concours de la force publique à l'exécution forcée

Parfois, le débiteur contre qui est entreprise une exécution forcée entend y résister, avec ou sans le concours de tiers. Pour vaincre cette résistance, il faut alors « muscler » l'exécution forcée, en y mêlant la force publique. Celle-ci peut en effet se définir comme le corps des agents de l'État chargés dans les conditions prévues par la loi, d'exercer la force. Avant l'AUPSRVE, il était d'usage pour l'huissier qui souhaitait se faire assister de la force publique lors d'une exécution forcée d'en faire la demande au parquet ou/et à l'autorité administrative compétent(s). Mais depuis l'avènement de l'AUPSRVE, cette pratique fait l'objet d'une controverse **(A)**. Cette dernière n'a cependant aucune incidence sur le rôle de la force publique dans l'exécution forcée **(B).**

A. Une autorisation controversée

En l'état actuel du droit positif camerounais, l'on relève trois textes relatifs au concours de la force publique à l'exécution forcée. Il s'agit tout d'abord de l'article 29 alinéa 2 de l'AUPSRVE, lequel est à l'origine de la controverse annoncée. Ce texte dispose en effet que « *la formule exécutoire vaut réquisition directe de la force publique* ». Il s'agit ensuite de l'article 11 de la loi n° 2006/015 portant organisation judiciaire, lequel énonce la formule exécutoire en ces termes : « *République du Cameroun* » « *Au nom du peuple camerounais* » *(...)* « *en conséquence, le président de la République mande et ordonne à tous les huissiers et agents d'exécution sur ce requis, de mettre le présent* » *arrêt (ou jugement, etc.)* « *à exécution, aux procureurs généraux, aux procureurs de la République, d'y tenir la main, à tous commandants et officiers de la force publique, de prêter main-forte lorsqu'ils en seront légalement requis* ». Il s'agit enfin de l'article 2 alinéa 1er (nouveau) du décret n° 79/448 du 5 novembre 1979 (plusieurs fois modifié) portant réglementation des fonctions et fixant le statut des huissiers, lequel prévoit que « *pour l'accomplissement de leur mission, les huissiers peuvent se faire assister par un officier de police judiciaire sur autorisation du parquet* ».

Entre les articles 29 alinéa 2 de l'AUPSRVE et 11 de la loi ci-dessus, il existe certainement une complémentarité. En effet, l'article 11 de la loi énonce la formule exécutoire qui, aux termes de l'article 29 alinéa 2 de l'AUPSRVE, vaut réquisition directe de la force publique. Un auteur évoque cependant une possible contradiction entre ces deux textes. Celui-ci soutient en effet que, tandis qu'il ressort de l'article 11 de la loi ci-dessus que « *la force publique ne peut prêter main-forte à l'exécution que si elle est régulièrement requise* », selon l'article 29 alinéa 2 de l'AUPSRVE, « *[la formule exécutoire] vaut réquisition directe de la force publique et l'huissier n'a plus d'autres formalités à accomplir* »[48].

Nous pensons cependant qu'il n'existe aucune contrariété entre la formule exécutoire du Cameroun et l'article 29 alinéa 2 suscité de l'AUPSRVE. La contrariété se situe en fait ailleurs. En effet, la formule exécutoire se borne sans aucune autre précision à soumettre le concours de la force publique à une condition : la légalité de la réquisition de la force publique[49]. Dès lors, la question doit être celle de savoir à quel moment la force publique est légalement requise. La réponse à cette question est donnée par les textes d'une façon contradictoire. D'une part, selon l'article 29 alinéa 2 de l'AUPSRVE, « *la formule exécutoire vaut réquisition directe de la force publique* ». Si l'on s'en tient donc à ce texte, la force publique serait légalement requise par l'apposition de la formule exécutoire sur le titre. D'autre part, l'alinéa 4 de l'article 2 du décret précité relatif aux huissiers prévoit une procédure plus complexe pour obtenir le concours de la force publique. Il impose en effet à l'huissier qui souhaite se faire assister de la force publique d'adresser une demande à cette fin accompagnée du procès-verbal de rébellion, à l'autorité administrative et au procureur de la République compétents ; en vue de leur indispensable concertation.

On peut ainsi constater que la contrariété semble plutôt se situer entre l'article 29 alinéa 2 de l'AUPSRVE et

[48] KITIO (E.), « Le Ministère public en droit OHADA : une institution controversée ? (étude à la lumière de la législation camerounaise) », *JP* n° 97, janv. - fév. - mars 2014, pp., p. 120.

[49] On peut en effet comprendre dans la formule exécutoire que « *le Président de la République mande et ordonne (...) à tous les commandants et officiers de la force publique, de [ne] prêter main-forte [que] lorsqu'ils en seront légalement requis* ».

l'alinéa 4 de l'article 2 du décret précité relatif aux huissiers ; lesquels fixent des conditions ou modalités de réquisition de la force publique manifestement différentes. C'est alors là que l'article 10 du Traité OHADA devrait intervenir pour assurer la suprématie du droit uniforme sur le droit national. Et désormais, en application du droit uniforme, la force publique devrait être légalement requise par l'apposition de la formule exécutoire sur le titre. La pratique des réquisitions à force publique délivrées par les parquets et autorités administratives aux huissiers dans le cadre de l'exécution forcée n'aurait donc plus lieu d'être. Cela a été rappelé aussi bien par la jurisprudence[50] que par certaines autorités nationales[51].

Cependant, l'article 29 alinéa 2 de l'AUPSRVE n'évince pas pour autant les parquets et autorités administratives du concours de la force publique dans le cadre de l'exécution forcée[52]. En effet, si la formule exécutoire peut valoir réquisition directe de la force publique et permettre ainsi à l'huissier détenteur du titre exécutoire d'adresser directement sa sollicitation à celle-ci[53], il demeure toutefois que cela ne signifie pas pour

---

[50] « *L'article 29 de l'Acte uniforme sur le recouvrement interdit la pratique des réquisitions d'assistance au procureur de la République, la formule exécutoire seule, valant réquisition directe de la force publique* », CA d'Abidjan, arrêt n° 1124 du 8 avril 2003, affaire Société ASH INTERNATIONAL et autres c./HAMED BASSAM Traoré et autres, Ohadata J-03-334.

[51] Voir la lettre Circulaire n° 259 du 19 juin 2001, du ministre de la justice, Garde des Sceaux de la République de Côte d'Ivoire, relative à l'exécution des décisions de justice, Ohadata D-02-10.

[52] MAH (E. P.), *La profession d'huissier de justice au Cameroun francophone*, L'Harmattan, Paris, 2014, n° 745.

[53] Quoique l'AUPSRVE ne le dise pas, l'initiative de requérir la force publique appartient à l'organe chargé de l'exécution forcée ; il s'agit de l'huissier ou de l'agent d'exécution. Cela est d'autant plus vrai que les frais de réquisition alloués aux agents de la force publique relèvent

autant que la force publique doit immédiatement vaquer à cette réquisition. Car c'est à l'autorité administrative, laquelle est détentrice du pouvoir de disposer de la force publique[54] et garante de l'ordre public[55], d'apprécier l'opportunité du déploiement de la force publique. Ainsi, le commandant de la force publique qui reçoit une sollicitation de l'huissier doit en informer l'autorité administrative ainsi que le procureur de la République qui au demeurant fait partie de l'état-major départemental. Ces deux autorités devront alors se concerter et décider. Ainsi, suivant les circonstances, le concours de la force publique à l'exécution forcée pourra être soit immédiatement accordé, soit différé, soit refusé pour des raisons légitimes[56].

---

du tarif des huissiers et des agents d'exécution. V. art. 7 (nouveau) al. 2 du décret n° 79/85 du 13 mars 1979 fixant le tarif des huissiers et des agents d'exécution, complété par le décret n° 80/142 du 28 avril 1980.

[54] Les art. 10 alinéa 1 et 40 alinéa 1 du décret n° 2008/377 du 12 novembre 2008 fixant les attributions des chefs de circonscriptions administratives et portant organisation et fonctionnement de leurs services prévoient respectivement que le Gouverneur et le Préfet disposent des forces de police, de la gendarmerie et de l'armée dans les conditions prévues par la règlementation en vigueur.

[55] L'art. 4 alinéa 1, 4e tiret et l'art. 36 alinéa 1, 2e tiret du décret ci-dessus prévoient respectivement que le Gouverneur et le Préfet veillent au maintien de l'ordre public dans leur circonscription administrative.

[56] Voir dans ce sens la lettre Circulaire n° 259 du 19 juin 2001, du ministre de la justice, Garde des Sceaux de la République de Côte d'Ivoire, relative à l'exécution des décisions de justice, Ohadata D-02-10 ; v. VANDERMEEREN (R.), « Force publique (Refus de concours de la force publique) », *Rép. resp. puiss. publ. Dalloz*, janvier 2009 ; v. CASAL (N.), « Concours de la force publique » *JCl. V. E.*, 14 mars 2014 ; LEBORGNE (A.), *Droit de l'exécution, voies d'exécution et procédures de distribution, op. cit.*, p. 139, n° 276.

Il importe de rappeler que l'huissier doit d'abord procéder par tous les moyens propres à son ministère pour parvenir à l'exécution du titre exécutoire en cause, et éviter ainsi le risque du déploiement de la force publique. Cependant, l'article 2 alinéa 1er précité du décret relatif aux huissiers donne à ceux-ci la possibilité de se faire assister à tout moment de l'accomplissement de leur mission par un officier de police judiciaire, sur autorisation du parquet. Contrairement à un auteur qui pense que cette disposition est devenue obsolète du fait des articles 10 du Traité OHADA et 29 alinéa 2 de l'AUPSRVE[57], nous pensons plutôt que celle-ci demeure en vigueur, car elle vise l'assistance de l'huissier par les officiers de police judiciaire, non pas par la force publique. En effet, ces deux organes, quoique composés du même corps de fonctionnaires, ne jouent cependant pas le même rôle. La force publique a en fait un rôle répressif, en ce sens qu'elle vise à neutraliser les résistances à l'exécution forcée et permettre ainsi l'effectivité de celle-ci. Quant à l'officier de police judiciaire assistant l'huissier dans le cadre de l'accomplissement de ses missions, son rôle est essentiellement, mais pas exclusivement, passif ; et il a entre autres pouvoirs, de constater les infractions qui pourraient être commises[58] et de contresigner le procès-verbal de rébellion[59] dans lequel devra être décrite l'ampleur de la rébellion, afin que la force publique puisse se préparer en conséquence.

---

[57] KITIO (E.), « Le Ministère public en droit OHADA : une institution controversée ? (étude à la lumière de la législation camerounaise) », article précité, p. 121.

[58] Articles 82 et s. du Code de procédure pénale.

[59] Article 2 alinéa 4 (a) du décret précité portant règlementation des fonctions et fixant le statut des huissiers.

B. Le rôle de la force publique

Requise dans le cadre d'une exécution forcée, la force publique assiste l'huissier dans la conduite des opérations d'exécution. Sa présence est principalement dissuasive et préventive en ce qu'elle vise à étouffer dans l'œuf ou à décourager toute velléité ou idée de résistance à l'exécution forcée. Cependant, malgré la présence de la force publique, des résistances à l'exécution forcée peuvent être entreprises. Dans ce cas, la force publique sera répressive afin de neutraliser ces résistances et assurer ainsi l'effectivité des opérations d'exécution[60].

Cette neutralisation des résistances à l'exécution forcée ne doit toutefois pas se faire au risque de mettre en péril l'ordre public, car il appartient également à la force publique de veiller à la sauvegarde de cet ordre. À ce titre, elle doit prévenir tout désordre ou aggravation du désordre né de l'exécution forcée, et rétablir l'ordre public en cas de désordre. Ce rétablissement de l'ordre public pourrait alors passer par la préparation de la répression des infractions commises à l'occasion de l'exécution forcée. Dans ce cas, les agents de la force publique devront arborer leur casquette d'officier ou d'agent de police judiciaire pour exercer les missions de police judiciaire dans le cadre du régime de la flagrance[61]. De même, en cette qualité d'officier de police judiciaire, ils auront également pour rôle de contresigner le procès-verbal d'opposition ou de rébellion dont un exemplaire sera

---

[60] C'est là, nous semble-t-il, le sens de ce fragment de la formule exécutoire suivant lequel « *le président de la République mande et ordonne (...) à tous commandants et officiers de la force publique de prêter main-forte (...)* » à l'exécution des titres exécutoires.
[61] Art. 103 et s. du CPP.

communiqué au ministère public[62]. Celui-ci pourrait alors engager les poursuites pénales contre les auteurs des infractions contenues dans ce procès-verbal.

Paragraphe II : La poursuite par le ministère public des infractions relatives aux voies d'exécution OHADA

Le domaine d'action par excellence du ministère public est la matière pénale où il exerce les poursuites **(B)** dont l'objet ici n'est autre que les infractions relatives aux voies d'exécution OHADA (**A**).

A. L'objet des poursuites

La mise en œuvre de l'exécution forcée peut donner lieu à des infractions. L'on n'évoquera cependant que les infractions qui ont un rapport assez étroit ou évident avec les voies d'exécution.

L'exécution forcée ne se fait pas au grand plaisir du débiteur qui peut ainsi tenter d'y résister ou de l'entraver, avec ou sans le concours de tiers. Conscient de cet état de choses et de la nécessité d'y venir à bout, le législateur pénal a incriminé les comportements de résistance et d'entrave à l'exécution des décisions de justice et des autres titres exécutoires[63]. Dans le même ordre, le législateur pénal incrimine l'abstention de prêter son concours ou son assistance à l'exécution forcée[64]. Il protège par ailleurs le fonctionnaire[65] qui apporte son concours à cette exécution, en incriminant les atteintes

---

[62] Art. 2 alinéa 4 a du décret ci-dessus portant règlementation des fonctions et fixant le statut des huissiers.
[63] V. art. 128, 157, 158 du CP.
[64] V. art. 148, 129 et 370-7 du CP.
[65] Pour la définition du fonctionnaire en droit pénal, v. art. 131 du CP.

dont il peut être victime à cette occasion[66]. Ce fonctionnaire doit toutefois s'abstenir d'abus dans la conduite de l'exécution, car ceux-ci sont également constitutifs d'infraction[67].

On a pu relever que l'exécution forcée porte aujourd'hui sur les biens du débiteur. Il est donc indispensable que ceux-ci soient disponibles. Le législateur pénal assure alors cette disponibilité en incriminant les comportements visant à distraire les biens de l'exécution[68].

Les opérations de l'exécution forcée ne sont également pas exemptes d'infractions prévues. Ainsi, en vue d'assurer la sérénité et la transparence de l'adjudication, le législateur pénal a incriminé des comportements allant à l'encontre de ces qualités[69].

Il appartient à titre principal au ministère public d'assurer la répression de ces infractions en exerçant les poursuites pénales contre leurs auteurs.

B. L'exercice des poursuites

Il convient de préciser qu'il ne s'agit pas ici d'étudier entièrement les règles de procédure pénale relatives aux poursuites. Ces règles ne nous intéresseront ici que pour autant qu'elles auront un rapport avec l'objet de notre étude. Ainsi, l'on relève que la règle de l'opportunité des

---

[66] V. art 156, 160, 301 et 302 du CP.

[67] Art. 140 du CP. Pour une application jurisprudentielle dans le cadre de l'exécution forcée, v. ASSONTSA (R.), note sous TPI de Dschang, jugement n° 414/COR du 13 juillet 2010, affaire Ministère public et Dame NOUGME née TSAFACK Joséphine et autres c./VOUGMO DJUA MBOU'SEKO Magloire, *Penant* n° 875, avril-mai-juin 2011, pp. 267 - 283.

[68] V. art. 181 et 190 du CP.

[69] V. art. 254 et 135 al.1 a du CP.

poursuites pénales (**1**) dont application est faite par le ministère public, a une influence sur la réalisation des voies d'exécution OHADA (**2**).

1. La règle de l'opportunité des poursuites

En matière pénale, la poursuite des infractions s'inscrit théoriquement dans deux systèmes : celui de la légalité des poursuites et celui de l'opportunité des poursuites. Alors que dans le système de la légalité des poursuites, toutes les infractions poursuivables[70] doivent être poursuivies, dans le système de l'opportunité des poursuites, la poursuite de ces infractions est laissée à l'appréciation du ministère public qui peut ainsi décider de ne pas engager les poursuites[71].

Né de la pratique des parquets et de la jurisprudence[72], le système de l'opportunité des poursuites est celui en vigueur au Cameroun. L'article 141 du code de procédure

[70] Une infraction poursuivable est une infraction qui remplit toutes les conditions pour être poursuivie : son auteur est disponible, c'est-à-dire que son identité et sa localisation sont connues, et aucun obstacle légal (par exemple l'exigence d'une plainte préalable) ne fait obstacle à la mise en œuvre des poursuites. V. DESPORTES (F.) et LAZERGES-COUSQUER (L.), *Traité de procédure pénale*, Economica, Paris, 2009, p. 713.

[71] Cependant, dans la pratique ces deux systèmes se rapprochent considérablement. V. DESPORTES (F.) et LAZERGES-COUSQUER (L.), *Ibid*, p. 715.

[72] « *Le législateur n'a pu vouloir astreindre les officiers du ministère public à diriger des poursuites d'office, et sans l'intervention des parties civiles, sur toutes les plaintes qui n'intéressent point directement l'ordre public, et qui souvent n'ont d'autre but que de satisfaire des passions ou des haines particulières, des intérêts de vanité ou d'amour propre, ou de procurer, aux dépens de l'État, et sans aucune espèce d'utilité pour l'ordre social, la réparation de quelques torts légers, éprouvés par des particuliers* », Crim. 8 décembre 1826 B. n° 250, cité par, DESPORTES (F.) et LAZERGES-COUSQUER (L.), *Ibid*, p. 716.

pénale prévoit ainsi que, saisi à la suite de la commission d'une infraction, le procureur de la République peut décider du classement sans suite de l'affaire et le faire notifier au plaignant[73], ou décider de poursuivre le suspect. Dans le même sens, l'article 134 du même code prévoit que le procureur général près la Cour d'appel peut prescrire aux magistrats du ministère public de son ressort de procéder au classement sans suite d'une affaire ou d'engager les poursuites. Enfin, une autre illustration de la règle de l'opportunité des poursuites est donnée par l'article 64 alinéa 1 du code de procédure pénale, lequel prévoit que « *le Procureur général près une Cour d'appel peut, sur autorisation écrite du ministre chargé de la Justice, requérir par écrit puis oralement, l'arrêt des poursuites pénales à tout stade de la procédure avant l'intervention d'une décision de fond, lorsque ces poursuites sont de nature à compromettre l'intérêt social ou la paix publique* »[74].

L'appréciation par le ministère public de l'opportunité de la poursuite des infractions relatives aux voies d'exécution OHADA ne peut alors manquer d'influencer la réalisation de ces dernières.

---

[73] C'est ici le lieu de relever que dans la pratique, les parquets ne font pas toujours notifier au plaignant la décision de classement sans suite. Il aurait alors fallu que le législateur exige que la trace de cette notification figure dans le dossier classé. Cela aurait permis de s'assurer de l'effectivité de cette notification.

[74] V. TCHAKOUA (J. M.), « La considération de l'intérêt social et de la paix publique en matière de poursuite : conjonctures autour de l'article 64 du Code de procédure pénale », *in* TCHAKOUA (J. M.) (dir.), *Les tendances de la nouvelle procédure pénale camerounaise*, Vol.1, PUA, Yaoundé, 2007, pp. 81 - 104, spéc. pp. 99 et s.

2. L'incidence de la règle de l'opportunité des poursuites sur la réalisation des voies d'exécution OHADA

Saisi à la suite de la commission d'une infraction relative aux voies d'exécution OHADA, le ministère public faisant application de la règle de l'opportunité des poursuites peut décider d'engager les poursuites contre le mis en cause ou de classer l'affaire sans suite. Lorsqu'il décide d'engager les poursuites dont le but est la répression de l'infraction commise, il participe ainsi à écarter ou à neutraliser un obstacle ou une entrave à la réalisation des voies d'exécution OHADA. Aussi, il décourage par là même toute autre idée ou velléité d'infraction qui pourrait également constituer un obstacle ou une entrave à cette réalisation[75].

Ainsi, l'emprisonnement de l'auteur d'une rébellion contre l'exécution forcée d'une décision de justice met celui-ci hors d'état de nuire, tout en décourageant toute autre personne qui aurait l'intention de reproduire le même acte. Dans le même sens, la condamnation pour détournement de biens saisis entraîne la confiscation du *corpus délicti*[76] qu'est le bien saisi en question, et sa mise à la disposition de l'exécution forcée.

Le choix du ministère public de poursuivre les auteurs des infractions relatives à l'exécution forcée est donc ainsi

---

[75] Rappelons que la peine à entre autres fonctions, une fonction d'intimidation. Cette fonction n'est cependant réelle que si la peine est effectivement appliquée.

[76] Aux termes de l'article 35 alinéa 1 du CP, « *en cas de condamnation pour crime ou délit, la juridiction compétente peut ordonner la confiscation de tous les biens meubles ou immeubles appartenant au condamné et saisis, lorsque ceux-ci ont servi d'instrument pour commettre l'infraction ou qu'ils en sont le produit* ».

l'expression dans le cadre de la procédure pénale, du concours de cette institution à la réalisation des voies d'exécution OHADA. Ce concours n'est toutefois pas exclusif à la matière pénale, car il s'étend également au cadre non répressif des fonctions du ministère public.

SECTION II : LE DOMAINE NON RÉPRESSIF DU CONCOURS

Le ministère public n'exerce pas que des fonctions répressives. Il exerce également des fonctions non répressives à travers lesquelles il peut participer à la réalisation des voies d'exécution OHADA. Cette réalité peut se vérifier aussi bien en matière de défense à exécution provisoire **(paragraphe I)** qu'en matière d'incidents de procédure pouvant intervenir dans le contentieux de l'exécution **(paragraphe II)**.

Paragraphe I : Le concours du ministère public en matière de défenses à exécution provisoire

Il ressort de l'article 4 (nouveau) alinéa 1 de la loi n° 92/008 du 14 août 1992 fixant certaines dispositions relatives à l'exécution des décisions de justice, modifiée par la loi n° 97/018 du 7 août 1997, que la défense à exécution provisoire est une procédure qui permet de paralyser une exécution provisoire qui n'est pas de droit et qui a été prononcée en dehors des cas prévus par la loi. Cette procédure qui ressortit à la compétence de la Cour d'appel a une influence considérable sur la réalisation des voies d'exécution OHADA, puisqu'elle vise à paralyser l'exécution forcée. La loi prévoit alors la communication obligatoire de cette procédure au ministère public (**A**), lequel dispose par ailleurs seul du droit d'exercer un recours contre la décision la sanctionnant (**B**).

A. La communication au ministère public des procédures de défenses à exécution provisoire

Cette communication s'effectue suivant des modalités précises (**1**), afin que le ministère public fasse valoir ses « *réquisitions* » (**2**).

1. Les modalités de la communication

Ces modalités sont fixées par l'article 4 (nouveau) de la loi ci-dessus relative à l'exécution des décisions de justice. Ce texte charge le greffier en chef de la Cour d'appel de transmettre le dossier de procédure de défense à exécution provisoire au procureur général. Aucun délai n'est cependant fixé pour l'accomplissement de cette formalité. La loi précise juste que cette transmission doit se faire « *immédiatement* », c'est-à-dire avec promptitude, aussitôt la demande de défense à exécution provisoire reçue.

Quoique la loi ait prévu la transmission du dossier de procédure de défense à exécution provisoire au procureur général, l'on note cependant que dans la pratique, c'est très souvent la copie de ce dossier qui est transmise à celui-ci. Cette pratique s'explique par le fait que la loi qui impartit un délai de cinq jours au procureur général pour rétablir le dossier au greffe prévoit également que la procédure pourra suivre son cours en l'absence des « réquisitions » de celui-ci. Mais pour que la procédure suive effectivement son cours, il faudrait que le dossier de procédure soit disponible. Or, il n'est pas exclu que le procureur général qui a reçu communication de ce dossier tarde à le rétablir, peut-être parce qu'il ne souhaite pas que la procédure continue sans qu'il ait fait valoir ses « réquisitions ».

2. Les « réquisitions » du ministère public

Le mot réquisition a plusieurs sens. Mais l'on ne l'envisagera ici que dans le cadre de la procédure.

De manière générale en procédure, pénale ou civile, l'on parle de « réquisitions », au pluriel. Elles émanent alors du ministère public. Pourtant, l'on ne peut véritablement parler de réquisitions du ministère public qu'en matière pénale. En effet, du verbe « requérir », le mot « réquisition », vient du mot latin *requisitio* qui lui-même provient du verbe *requirere*. Ce mot traduit alors l'idée de puissance publique que l'on retrouve en droit public, branche du droit à laquelle est d'une certaine manière rattaché le droit pénal. En matière civile par contre où le procès est la chose des parties, le ministère public n'émet qu'un simple avis, sous forme de conclusions[77], sur l'application de la loi. C'est donc à tort que l'on parle de réquisitions du ministère public en matière civile.

Ainsi donc, dans le cadre des défenses à exécution provisoire, le ministère public ne prend pas des réquisitions comme le prévoit la loi[78], mais plutôt émet un avis, sur l'application de la réglementation des défenses à exécution provisoire. Cet avis pourrait alors participer à une bonne application du droit OHADA des voies d'exécution.

Contrairement aux réquisitions du ministère public en matière pénale, lesquelles doivent obligatoirement être présentées quoiqu'elles ne lient pas le juge, la Cour d'appel peut passer outre l'avis du ministère public en matière de défense à exécution provisoire, et statuer. Mais celui-ci peut toujours se faire entendre, car la loi lui offre un recours contre la décision de la Cour d'appel.

---

[77] GUINCHARD (S.), CHAINAIS (C.) et FERRAND (F.), *Procédure civile - Droit interne et droit de l'Union européenne*, 32e édition, Dalloz, Paris, 2014, n° 859.

[78] V. Art. 4 al. 4 de la loi ci-dessus relative à l'exécution des décisions de justice.

B. L'exercice par le ministère public du recours contre l'arrêt de la Cour d'appel

Aux termes de l'article 4 alinéa 7 de la loi ci-dessus relative à l'exécution des décisions de justice, l'arrêt de la Cour d'appel statuant sur une demande de défenses à exécution provisoire ne peut faire l'objet que d'un pourvoi d'ordre[79]. Le pourvoi d'ordre est celui exercé par le procureur général près la Cour suprême sur ordre du ministre de la Justice[80]. Ses effets ont la même portée que le pourvoi ordinaire, en ce sens qu'ils s'étendent aux parties[81].

Selon l'alinéa 8 de l'article 4 de la loi ci-dessus relative à l'exécution des décisions de justice, le pourvoi d'ordre suspend immédiatement l'exécution, même commencée, de la décision attaquée jusqu'à l'intervention de l'arrêt de la juridiction saisie. Mais cette prévision de la loi est désormais désuète au regard de l'article 32 alinéa 1 de l'AUPSRVE. Aux termes de cet article, « *à l'exception de l'adjudication des immeubles, l'exécution forcée peut être poursuivie jusqu'à son terme en vertu d'un titre exécutoire par provision* ». La CCJA a eu à préciser cette disposition dans plusieurs arrêts[82], desquels il ressort que l'exécution

---

[79] Lire TJOUEN (A. D.), « L'exécution des décisions de justice en droit camerounais », *RIDC*, 2000, pp. 429 et s.

[80] V. art. 36 b de la loi n° 2006/016 du 29 décembre 2006 fixant l'organisation et le fonctionnement de la Cour suprême.

[81] *Idem*

[82] CCJA, arrêt n° 002/2001 du 11 octobre 2001, aff. Epoux Karnib c./Société Générale des Banques en Côte d'Ivoire (SGBCI) ; CCJA arrêt n° 012/2003 du 19 juin 2003, aff. Société d'Exploitation Hôtelière et Immobilière du Cameroun dite SEHIC HOLLYWOOD S. A. c./Société Générale des Banques au Cameroun (SGBC) ; et CCJA, arrêt n° 013/2003 du 19 juin 2003, aff. SOCOM SARL c./Société Générale des Banques au Cameroun (SGBC), *in* ONANA ETOUNDI (F.), *OHADA, Grandes tendances jurisprudentielles de la CCJA en*

forcée entamée en vertu d'une exécution provisoire ne peut être suspendue[83]. Certes, il s'agissait dans ces arrêts de la prohibition de la suspension de l'exécution forcée par des défenses à exécution provisoire. Mais à notre avis, cette prohibition s'étend également à la suspension de l'exécution forcée par le pourvoi d'ordre.

À travers ce pourvoi d'ordre exercé par le procureur général près la Cour suprême, le ministère public peut ainsi œuvrer à la bonne application des règles relatives à l'exécution forcée et partant, concourir ainsi à la réalisation des voies d'exécution OHADA. Ce concours peut également se réaliser dans le cadre du règlement des incidents de procédure que peut connaître le contentieux de l'exécution.

---

matière d'interprétation et d'application du droit OHADA (1997-2010), édition spéciale, octobre 2011, pp. 298 et s. ; CCJA, arrêt n° 004/2009 du 5 février 2009, aff. Société d'Exportation et de Négoce de Bois Tropicaux dite SENBT et autres c./Société Gabonaise de Crédit Automobile dite SOGACA, *JP* n° 99, Juil. - Août - Sept. 2014, p. 54, Obs. ASSONTSA (R.).

[83] On note cependant qu'en vertu de la loi ci-dessus relative à l'exécution des décisions de justice, certaines Cours d'appel camerounaises continuent de suspendre, voire de donner mainlevée des exécutions forcées entamées. Voir dans ce sens, CA du Littoral, arrêts n° s 045/REF du 19 janvier 2009, aff. La Société Shell du Cameroun SA c./Dame TCHOUTANG YIMGA née YOPA Euloge - 160/REF du 12 août 2009, aff. Société International Electric Export c./Société Africa Trading Express, *JP* n° 84, Oct.-Nov.-Déc. 2004, pp. 112 - 113, Obs. ASSONTSA (R.) ; CA du Centre, Ord. n° 105/CIV du 25 févr. 2011, aff. Cameroon Association for Bible Translation and Literacy c./Ongono Gilles Silvère et autres, *RDAO* n° 2, Juil. - déc. 2012, pp. 86 et s., Obs. ASSONTSA (R.).

Paragraphe II : Le concours du ministère public en matière d'incidents de procédure dans le contentieux de l'exécution

Un incident de procédure est une contestation distincte du principal et dont l'objet se rapporte à une question d'ordre procédural. Le ministère public se trouve alors associé au règlement de certains de ces incidents qui peuvent affecter la réalisation des voies d'exécution OHADA. C'est le cas du règlement du contentieux de la récusation du juge du contentieux de l'exécution (**A**) et du règlement du conflit de compétence des juges du contentieux de l'exécution (**B**).

A. Le concours du ministère public dans le règlement du contentieux de la récusation du juge de l'exécution

Quoique la récusation ne concerne pas seulement le juge[84], il demeure que dans son sens traditionnel, elle est « *l'institution en vertu de laquelle un plaideur entend faire écarter du tribunal pour le jugement de son affaire, l'un [ou plusieurs] des juges qui pourraient manquer d'impartialité* »[85]. En application de l'article 159 du CPCC qui prévoit que tout juge peut être récusé, le juge du contentieux de l'exécution[86] peut ainsi être récusé pour des causes légales qui, semble-t-il, sont limitatives[87]. La

[84] La récusation concerne également l'expert judiciaire et les magistrats du ministère public, lorsque ces derniers sont partie jointe (v. art. 161 du CPCC). Pour une vue générale de la récusation, v. BEN HADJ YAHIA (S.), « Récusation et renvoi », *Rép. pr. civ. Dalloz*, juin 2012, n° s 4 - 162.

[85] SOLUS et PERROT, *Droit judiciaire privé*, 1961, Sirey, tome1, p. 675, n° 792, cité par BEN HADJ YAHIA (S.), *Ibid*, n° 4.

[86] V. ASSONTSA (R.), *Le juge et les voies d'exécution depuis la réforme de l'OHADA*, thèse précitée.

[87] V. ASSONTSA (R.), note sous C.A. du Littoral, arrêt n° 007/C du 15 janvier 2010, affaire la succession TCHENGOUE Joseph

demande de récusation de ce juge peut alors donner lieu à un contentieux qui paralyse l'exécution forcée[88]. Le règlement de ce contentieux passe par le ministère public, car la récusation est une cause obligatoirement communicable à celui-ci[89].

En participant ainsi au règlement du contentieux de la récusation du juge du contentieux de l'exécution, le ministère public concoure par-là à la réalisation des voies d'exécution OHADA. Car le règlement de ce contentieux permet à l'exécution forcée de suivre son cours.

B. Le concours du ministère public dans le règlement du conflit de compétence des juges de l'exécution

Lorsque deux ou plusieurs juridictions entendent toutes connaître d'une même affaire ou au contraire, refusent d'en connaître, il y'a conflit de compétence. On parle de conflit positif dans le premier cas et de conflit négatif dans le second cas.

En matière de contentieux de l'exécution au Cameroun, la loi n° 2007/001 du 19 avril 2007 instituant le juge du contentieux de l'exécution rend assez probable le conflit de compétence dans cette matière. En effet, cette loi considérée par une doctrine autorisée comme une « *erreur* »[90] procède à la parturition de la juridiction

---

représentée par TCHENGOUE TCHENGOUE André c./Sieur NZALI Alphonse, Juge au TPI de Douala-Bonanjo, *JP* n° 88, oct. - nov. - déc. 2011, pp. 75 et s.

[88] Pour la procédure de récusation, v. les art. 162 et s. du CPCC.

[89] V. art 36 et 167 du CPCC.

[90] ANOUKAHA (F.), « Le juge du contentieux de l'exécution des titres exécutoires : Le législateur camerounais persiste et signe… l'erreur », *JP* n° 70, avril - mai - juin 2007, pp. 33 - 38.

chargée du contentieux de l'exécution[91]. Or, l'AUPSRVE a entendu instituer une seule juridiction pour connaître de ce contentieux[92]. La conséquence la plus probable de ce conflit législatif ne peut alors être qu'un conflit de compétence entre les différentes juridictions en cause. La pratique révèle toutefois une forte tendance des juges nationaux à appliquer la législation nationale au mépris du droit OHADA. Mais cela n'est pas sans risque d'être désavoué par la CCJA[93].

Quoi qu'il en soit, en cas de conflit de compétence entre deux ou plusieurs juridictions qui se revendiquent ou qui se dénient la compétence pour connaître d'un contentieux de l'exécution, la juridiction chargée de régler ce conflit devra obligatoirement communiquer cette cause au ministère public[94]. La participation de cette institution à la résolution de ce conflit qui paralyse l'exécution forcée peut alors s'analyser comme une manifestation de son concours à la réalisation des voies d'exécution OHADA.

* *

*

---

[91] FOMETEU (J.), « Le juge de l'exécution au pluriel ou la parturition au Cameroun de l'article 49 de l'acte uniforme OHADA portant voies d'exécution », *JP* n° 70, avril - mai - juin 2007, pp. 97 - 109.

[92] Aux termes de l'art. 49 alinéa 1 de l'AUPSRVE, « *La juridiction compétente pour statuer sur tout litige ou toute demande relative à une mesure d'exécution forcée ou à une saisie conservatoire est le président de la juridiction statuant en matière d'urgence ou le magistrat délégué par lui* ».

[93] NJEUFACK TEMGWA (R.), « Le juge du contentieux de l'exécution : la CCJA désavoue le législateur camerounais et... confirme sa jurisprudence », obs. sous CCJA, arrêt n° 109/2014 du 4 novembre 2014, affaire CHANAS ASSURANCES S.A. c./AGF Cameroun devenue ALLIANZ ASSURANCES S.A., *JP* n° 100, oct. - nov. - déc. 2014, pp. 59 - 65.

[94] Art. 36 CPCC.

Sans être présent dans l'AUPSRVE, le ministère public peut concourir à la réalisation des voies d'exécution OHADA. Ainsi en est-il dans le cadre répressif lorsqu'il autorise le concours de la force publique ou encore, lorsqu'il poursuit les auteurs d'infractions relevant du cadre de l'exécution forcée. Il en est de même dans des procédures non répressives telles que les défenses à exécution provisoire, la récusation du juge du contentieux de l'exécution et le conflit de compétence entre les juridictions du contentieux de l'exécution. En effet, ces procédures peuvent avoir une influence sur l'exécution forcée, et l'intervention du ministère public dans leur déroulement peut suffire à traduire le concours de cette institution à la réalisation des voies d'exécution OHADA.

Cependant, ce concours du ministère public à la réalisation des voies d'exécution OHADA ne paraît pas avoir atteint son point d'orgue. Il convient alors d'explorer des pistes d'élargissement de son domaine.

CHAPITRE II :

LES PERSPECTIVES D'ÉLARGISSEMENT DU DOMAINE DU CONCOURS

Avant l'AUPSRVE, la communication au ministère public des causes relatives aux voies d'exécution était admise[95]. Mais l'AUPSRVE qui contient aussi bien des dispositions de fond que de forme ne s'est pas expressément prononcé sur cette prérogative du ministère public. Et à la CCJA d'en déduire que le ministère public est déchu de son droit à la communication des causes en matière de voies d'exécution OHADA. Pourtant, à travers cette communication, le ministère public pourrait participer au succès des voies d'exécution OHADA. Certes, on ne peut ignorer le danger que pourrait représenter le ministère public dans un processus judiciaire. Mais l'on peut composer avec.

Le ministère public pourrait également être un élément de renforcement de la capacité du système judiciaire à assurer l'efficacité des voies d'exécution OHADA, voire du droit OHADA en général. D'une part, sa présence auprès de la CCJA pourrait être bénéfique pour la réalisation des missions de cette juridiction. D'autre part, il semble aujourd'hui nécessaire de compléter le dispositif des voies d'exécution OHADA par un mécanisme d'accès à des informations relatives au débiteur et à son patrimoine. Ce mécanisme pourrait alors être assuré par le ministère public.

---

[95] V. art. 36 et 407 du CPCC.

Ainsi donc, l'élargissement du domaine du concours du ministère public à la réalisation des voies d'exécution OHADA passe par un retour au passé : l'instauration de la communication au ministère public des causes relatives aux voies d'exécution OHADA **(section I),** et une prise en compte des exigences du présent : la rénovation du ministère public en droit OHADA **(section II).**

SECTION I : L'INSTAURATION DE LA COMMUNICATION AU MINISTÈRE PUBLIC DES CAUSES RELATIVES AUX VOIES D'EXÉCUTION OHADA

Aucune disposition de l'AUPSRVE ne prévoit la communication au ministère public des causes relatives aux matières régies par ce texte. Cependant, l'analyse des dispositions du droit OHADA permet de conclure à une négation de la communication au ministère public des causes relatives aux voies d'exécution OHADA **(paragraphe I)**. Et pourtant, cette communication pourrait concourir à une bonne justice et partant, participer ainsi à la sécurité judiciaire dans l'espace OHADA. L'on plaide alors en faveur de son instauration dans le cadre des voies d'exécution OHADA **(paragraphe II).**

Paragraphe I : La négation en droit OHADA de la communication au ministère public des causes relatives aux voies d'exécution

Cette négation est certes discutée (**B**), mais il n'en demeure pas moins qu'elle repose sur des fondements juridiques bien établis (**A**).

A. Les fondements juridiques de la négation

C'est sur la base des textes OHADA (**1**) que la CCJA dénie au ministère public toute communication des causes relatives aux voies d'exécution OHADA (**2**).

1. Le fondement textuel

Il est de la logique des choses que l'unification n'admette pas la contrariété ou la disparité. Ainsi, dans son entreprise d'unification du droit des affaires en Afrique, le législateur OHADA a entendu neutraliser les dispositions de droit interne contraires aux Actes uniformes. L'article 10 du Traité OHADA dispose à cet effet que « *les actes uniformes sont directement applicables et obligatoires dans les États Parties, nonobstant toute disposition contraire de droit interne, antérieure ou postérieure* ». Un avis de la CCJA du 30 avril 2001[96] est venu préciser cette disposition dont la rédaction maladroite avait été décriée par des auteurs[97].

Cet avis intervenait à la suite d'une demande d'avis consultatif de la République de Côte d'Ivoire qui entre autres, souhaitait savoir si l'article 10 du Traité OHADA contient bien une règle de supranationalité et d'abrogation

---

[96] CCJA, Avis n° 001/2001/EP du 30 avril 2001, *in* WAMBO (J.), *La procédure consultative devant les juridictions communautaires africaines, cas de la Cour Commune de Justice et d'arbitrage de l'OHADA*, 1re édition, pp. 66 - 78 ; v. TONGA (D.), « L'avis de la Cour commune de justice et d'arbitrage du 30 avril 2001 : aspects généraux et fiscaux », *JP* n° 62, avril - mai - juin 2005, pp. 81 - 86.

[97] ISSA SAYEGH (J.), « Réflexions et suggestions sur la mise en conformité du droit interne des États Parties avec les actes uniformes de l'OHADA et réciproquement », *Ohadata D-04-12*, p. 5 ; DIEDHIOU (P.), « L'article 10 du Traité OHADA : quelle portée abrogatoire et supranationale ? », *Ohadata, D-08-05* ; MEYER (P.), « La sécurité juridique et judiciaire dans l'espace OHADA », *Ohadata, D-06-50*, p. 5.

du droit interne par les Actes uniformes. Répondant à cette préoccupation, la CCJA affirmait d'une part que l'article 10 du Traité OHADA contient bien une règle de supranationalité parce qu'il prévoit l'application directe et obligatoire dans les États Parties des Actes uniformes, et institue ainsi la suprématie de ceux-ci sur les dispositions de droit interne antérieures et postérieures. Et d'autre part, qu'en vertu de cette supranationalité qu'il consacre, l'article 10 du Traité OHADA contient également une règle d'abrogation du droit interne par les Actes uniformes. Quoique la démarche de la CCJA ayant abouti à cette solution reste assez floue[98], il demeure néanmoins qu'il est aujourd'hui admis que l'article 10 du Traité OHADA a bien une double portée, supranationale et abrogatoire.

Cette portée abrogatoire est relayée dans les Actes uniformes par les dispositions d'abrogation du droit national que ceux-ci contiennent. Et la CCJA affirme alors que ces dispositions abrogatoires des Actes uniformes sont conformes à l'article 10 du Traité OHADA[99]. Pourtant, la disposition abrogatoire de l'AUPSRVE semble nettement s'en démarquer. En effet, à la différence de l'article 10 du Traité OHADA qui ne prévoit que l'abrogation des dispositions de droit interne contraires aux Actes uniformes[100], l'article 336 de l'AUPSRVE dispose que « *le présent Acte uniforme abroge toutes les dispositions relatives aux matières qu'il concerne dans les États parties* ».

---

[98] DIEDHIOU (P.), « L'article 10 du Traité OHADA : quelle portée abrogatoire et supranationale ? », article précité, pp. 7 et s.
[99] CCJA, Avis n° 001/2001/EP du 30 avril 2001, précité.
[100] Dans son avis ci-dessus du 30 avril 2001, la CCJA a également trouvé lieu d'ajouter que « *cette abrogation concerne également les dispositions de droit interne identiques à celles des Actes uniformes* ».

L'on s'interroge alors sur ce qui aurait pu justifier un tel extrémisme dans l'abrogation du droit national en matière de procédures simplifiées de recouvrement et de voies d'exécution. On peut en effet penser qu'avant l'adoption de l'AUPSRVE, un inventaire des dispositions nationales relatives aux matières régies par ce texte avait été fait, et qu'en confrontant ces dispositions au contenu du projet final de l'AUPSRVE, il en est ressorti que celles-ci lui étaient toutes contraires. Dans ce cas, l'article 336 de l'AUPSRVE serait dans son esprit conforme à l'article 10 du Traité OHADA puisqu'en fin de compte, toutes ces dispositions nationales qu'il abroge seraient contraires à l'AUPSRVE. Mais l'on ne pouvait procéder tel que l'on vient de présenter, au moins parce que l'adhésion à l'OHADA étant ouverte, il était impossible de savoir quel État y adhèrerait prochainement, et de connaître ainsi l'état du droit positif de cet État sur les matières régies par l'AUPSRVE au moment de son adhésion. Le droit positif de cet État pourrait en effet contenir des règles qui comblent les lacunes de l'AUPSRVE. Cette tentative de justification de l'article 336 de l'AUPSRVE par rapport à l'article 10 du Traité OHADA est ainsi mise en échec, et il y'a lieu de croire qu'il existe une contrariété, entre les droits primaire et dérivé OHADA[101].

Cette contrariété ne semble toutefois pas empêcher que l'article 336 de l'AUPSRVE demeure applicable. Et ainsi donc, en vertu de cette disposition, mais aussi de l'article 10 du Traité OHADA[102], les dispositions

---

[101] Lire SIETCHOUA DJUITCHOKO (C.), « Les sources du droit de l'Organisation pour l'Harmonisation en Afrique du Droit des Affaires », *Penant* n° 843, pp. 140 - 179.

[102] Nous évoquerons plus bas en quoi la communication au ministère public des causes relatives aux voies d'exécution OHADA est contraire aux dispositions de l'AUPSRVE.

nationales relatives à la communication des causes au ministère public sont abrogées dans les matières régies par l'AUPSRVE ; lequel se veut autonome et exclusif dans ces matières[103]. Cette autonomie et cette exclusivité ne sont pas démenties par la CCJA.

2. Les applications jurisprudentielles par la CCJA

« *Attendu qu'il résulte de l'analyse des articles 28, 336 et 337 de l'Acte uniforme précité (AUPSRVE) que celui-ci contient aussi bien des dispositions de fond que de procédure qui ont seules vocation à s'appliquer aux mesures conservatoires, mesures d'exécution forcée et procédures de recouvrement engagées après son entrée en vigueur ; que dans la mise en œuvre de celles-ci, ledit Acte uniforme n'ayant pas prévu de procédure de communication de la cause au Ministère public telle que fixée à l'article 106 du code ivoirien de procédure civile, commerciale et administrative qui édicte que ''sont obligatoirement communicables au Ministère public trois jours au moins avant l'audience, les causes concernant tout litige de quelque nature que ce soit dont l'intérêt financier est égal ou supérieur à 25 millions de francs CFA. Toute décision rendue au mépris de cette disposition est nulle et de nul effet''. Il s'ensuit que cette disposition de droit interne, au demeurant contraire à la lettre et à l'esprit des dispositions de l'Acte uniforme susvisé, est inapplicable (...)* »[104].

---

[103] Notons cependant que l'AUPSRVE renvoie souvent au droit national. Voir par exemple art. 51, relatif aux biens et droits insaisissables.

[104] CCJA, arrêt n° 003/2002 du 10 janvier 2002, affaire société SIEM c./Société ATOU et BICICI, *in* ONANA ETOUNDI (F.), *Grandes tendances jurisprudentielles de la CCJA en matière d'interprétation et d'application du droit OHADA (1997-2010)*, édition spéciale : octobre 2011, pp. 208 et s.

C'est ainsi que la CCJA a eu pour la première fois à dénier aux dispositions de droit national prévoyant la communication des causes au ministère public, leur application dans les matières régies par l'AUPSRVE. Cette position est une constante dans la jurisprudence de la CCJA qui ne manque pas l'occasion de la rappeler, aussi bien en matière de voies d'exécution que de procédures simplifiées de recouvrement[105]. En matière de saisie immobilière, après avoir une fois de plus désavoué les dispositions nationales relatives à la communication des causes au ministère public, la CCJA a également ajouté que « *les réquisitions que [le] ministère public a été amené à prendre (...), en application de la législation nationale (camerounaise) ne sauraient s'assimiler aux dires et observations au moyen desquels les cas de nullité prévus à l'article 311 [de l'AUPSRVE] doivent être soulevés dans les délais requis* »[106].

Quid cependant du droit d'intervention du ministère public[107] dans le cadre des matières régies par

---

105 CCJA, arrêt n° 016/2004 du 29 avril 2004, affaire Scierie d'Agnibilékrou WAHAB NOUHAD dite SDA - WAHAB NOUHAD Rachid C./HASSAN SAHLY, *in* ONANA ETOUNDI (F.), *Grandes tendances jurisprudentielles de la CCJA en matière d'interprétation et d'application du droit OHADA (1997-2010), op. cit.*, pp. 213 et s. ; CCJA, arrêt n° 059/2005 du 22 décembre 2005, affaire : Banque internationale pour l'Afrique Occidentale - Côte d'Ivoire dite BIAO C./Société ivoirienne de Produits et de Négoce dite IPN, Ohadata J-06-36 ; CCJA, arrêt n° 021/2009 du 16 avril 2009, affaire Société Africaine pour le Développement de l'Industrie, l'Habitat et le commerce, dite Groupe SAD C./Société ivoirienne d'Assurance mutuelle dite SIDAM S.A., Ohadata J-10-85.

106 CCJA, arrêt n° 057/2005 du 22 décembre 2005, affaire SGBC c./ESSOH Grégoire (Esgreg voyages), Obs., YIKAM (J.) et TEPPI KOLLOKO (F.), *JP* n° 69, janv. - fév. - mars 2007, pp. 51 - 57, spéc. p. 52 et p. 57.

107 V. MPINDA (F. A.), *Le procureur de la République au Cameroun, op. cit.*, pp.114 et s.

l'AUPSRVE ? Ce droit, prévu à l'article 29 alinéa 1er de la loi portant organisation judiciaire permet en effet au ministère public, dans l'intérêt de la loi, de prendre devant toute juridiction auprès de laquelle il est représenté, les réquisitions qu'il estime utiles. Partant sur la base que l'article 336 de l'AUPSRVE abroge sans distinction[108] toutes les dispositions nationales relatives aux matières régies par cet Acte uniforme, le droit d'intervention du ministère public devrait en toute vraisemblance subir le même sort que son droit à la communication des causes dans ces matières qui se veulent la chasse gardée de l'OHADA. Cette position pourrait cependant ne pas faire l'unanimité, tout comme la négation de la communication au ministère public des causes relatives aux voies d'exécution OHADA, laquelle fait l'objet de discussion.

B. La discussion de la négation

Plusieurs auteurs ont eu à critiquer la jurisprudence de la CCJA déniant la communication au ministère public des causes relatives aux voies d'exécution OHADA. Ils avancent à cet effet des arguments que l'on peut tout autant discuter.

D'abord, d'aucuns soutiennent que la communication des causes au ministère public relève des modalités processuelles des instances dans les États Parties, et que l'OHADA n'a pas vocation à régir ces modalités[109].

---

108 *''ubi lex non distinguit, nes noc distinguere débemus''*. Traduction : « *quand la loi ne distingue pas, nous non plus ne devons pas distinguer* ».

109 TCHANTCHOU (H.), « La place du parquet ou ministère public dans les processus judiciaires communautaires : le cas de l'OHADA », *Revue de l'ERSUMA* n° 1, juin 2012, Droit des affaires - pratique professionnelle, p. 495 ; KITIO (E.), « Le Ministère public en droit OHADA : une institution controversée ? (étude à la lumière de la législation camerounaise) », article précité, p. 117 ; MPINDA (F. A.),

En réponse, l'on soutient que certes la vocation première de l'OHADA n'est pas de régir le droit processuel des États membres[110]. Mais il demeure toutefois que l'OHADA a une certaine compétence en matière de droit processuel dans ces États. En effet, s'il est vrai qu'en l'état actuel des choses le droit processuel dans l'espace OHADA est essentiellement régi par les États, il demeure cependant que ceux-ci n'ont pas l'exclusivité en cette matière. L'analyse du Traité OHADA permet d'affirmer que l'OHADA peut également réglementer le droit processuel dans les États Parties, car selon l'article premier de ce Traité, l'harmonisation du droit des affaires, objet dudit Traité, passe entre autres « *par la mise en œuvre de procédures judiciaires appropriées* ». De même, en faisant rentrer les voies d'exécution (qui relèvent essentiellement du droit processuel) dans le champ matériel de l'OHADA, l'on a par là même invité cette organisation à légiférer sur le droit processuel dans les États Parties[111].

Le procureur de la République au Cameroun, op. cit., p.113 ; DJONGA (P.), « La protection de l'ordre public en procédures civiles d'exécution », *Cahiers Juridiques et Politiques (Revue de la FSJP de l'Université de N'Gaoundéré)*, numéro spécial : l'ordre public, p. 271 ; TECHIOTSOP (C.), *Le système juridictionnel de l'OHADA, étude à la lumière de la justice interne et de l'Union européenne*, thèse, Université de Dschang, 2016, p. 114.

[110] NEMEDEU (R.), obs. sous CCJA, arrêt n° 041/2005, 7 juillet 2005, Société Ben International Ship Suppliers, dite Ben Iss Conseil c./Établissement KOUASSI N'dah, et CCJA, arrêt n° 057/2005, 22 décembre 2005, SGBC C./Essoh Grégoire, *in* POUGOUE (P.-G.) et KUATE TAMEGHE (S. S.), *Les grandes décisions de la cour commune de justice et d'arbitrage de l'OHADA*, L'Harmattan, Paris, 2010, p. 605. Cet auteur affirme en effet que « *les concepteurs du droit OHADA n'avaient, certainement pas, pour souci premier de toucher à l'organisation judiciaire ainsi qu'au droit processuel de chacun des États membres* ».

[111] *Idem.*

Ainsi, en application de l'article 10 du Traité OHADA, « *toutes normes procédurales de l'OHADA priment sur le droit national* »[112]. Mieux encore, par l'effet de ce même article, les normes procédurales de droit interne contraires au droit OHADA sont désormais abrogées[113]. Et c'est ici de noter qu'abroger un texte peut également s'analyser en une manière de réglementer.

Ensuite, réagissant à la jurisprudence de la CCJA, un auteur[114] cherche en vain en quoi la communication des causes au ministère public est contraire à l'AUPSRVE qui selon lui, n'a pas légiféré sur cette question. Il conclut par conséquent que ce qui n'est pas interdit est permis.

Tout d'abord, sur la contrariété à l'AUPSRVE de la communication des causes au ministère public, l'on note que dans son avis du 30 avril 2001 suscité, la CCJA a eu à définir les dispositions contraires aux Actes uniformes comme étant « *tout texte législatif ou réglementaire contredisant dans la forme, le fond et/ou l'esprit, les dispositions d'un Acte uniforme* ». Partant de cette définition, l'on peut affirmer que la communication des causes au ministère public étant de nature à retarder le cours de la procédure, le temps indéfini pour le ministère public de produire son avis ou ses conclusions, cette communication peut s'avérer contraire à l'esprit de célérité qui anime l'AUPSRVE[115]. Cet esprit de célérité

---

[112] TECHIOTSOP (C.), *Le système juridictionnel de l'OHADA, étude à la lumière de la justice interne et de l'Union européenne*, thèse précitée, p. 397.

[113] *Ibid.*, p. 83, n° 186.

[114] KITIO (E.), « Le Ministère public en droit OHADA : une institution controversée ? (étude à la lumière de la législation camerounaise) », article précité, p. 117

[115] V. EYIKE-VIEUX, *L'application du droit OHADA par les juridictions camerounaises. Le cas des juridictions de Douala,* PUA, Yaoundé, 2017, pp. 39 - 40 et pp. 155 - 157

peut s'observer dans l'article 298 alinéa 2 de ce texte, lequel prévoit que les affaires en matière d'incidents de saisie immobilière sont jugées d'urgence. D'ailleurs sur la base de cette disposition, la jurisprudence a eu à refuser la communication au ministère public des causes relatives aux incidents de saisie immobilière[116], car cette communication serait de nature à mettre à mal la célérité qu'exige la notion d'urgence contenue dans cette disposition. Ainsi, comme l'affirme si bien un auteur, « *le recours au droit procédural national ne doit pas avoir pour effet de nuire à la bonne application du droit OHADA* »[117].

Ensuite, s'il est vrai que l'AUPSRVE ne s'est pas expressément prononcé sur la question de la communication des causes au ministère public, il demeure qu'en son article 336 il abroge sans distinction toutes les dispositions relatives aux matières qu'il régit dans les États Parties[118]. Ainsi donc, en application de l'adage ''*ubi lex non distinguit, nes noc distinguere débemus*'', toutes les dispositions relatives à ces matières, parmi lesquelles celles instituant la communication des causes au ministère public, n'ont désormais plus vocation à s'appliquer ; que cette communication soit facultative ou obligatoire. L'argument selon lequel ce qui n'est pas interdit est permis ne saurait donc prospérer.

C'est ici le lieu d'émettre une réserve sur ce que l'on croit être une erreur d'appréciation de la jurisprudence de

---

116 V. POUGOUE (P.-G.) et TEPPI KOLLOKO (F.), *La saisie immobilière dans l'espace OHADA*, *op. cit.*, p. 115.
117 TECHIOTSOP (C.), *Le système juridictionnel de l'OHADA, étude à la lumière de la justice interne et de l'Union européenne,* thèse précitée, p. 83, n° 186.
118 V. MEYER (P.), « La sécurité juridique et judiciaire dans l'espace OHADA », article précité, p. 5.

la CCJA faite par un auteur[119]. Celui-ci affirme en effet que la CCJA n'interdit pas qu'une cause puisse être communiquée au ministère public, mais plutôt le fait que la communication soit obligatoire en vertu de la loi. Pour cet auteur donc, la communication facultative des causes au ministère public, laquelle fait l'objet de la seconde branche de l'article 36 du CPCC, est admise en droit OHADA. Comme on l'a signalé, il s'agit là d'une erreur d'appréciation. Celle-ci serait due au fait que l'auteur se serait focalisé sur ce que les arrêts de la CCJA qu'il évoque au soutien de sa position mettent en cause l'article 106 du code ivoirien de procédure civile, commerciale et administrative, lequel institue une communication obligatoire au ministère public des affaires dont l'intérêt financier est égal ou supérieur à 25 millions de FCFA. Pourtant, dans ces arrêts, la CCJA affirme bien que l'AUPSRVE « *contient aussi bien des dispositions de fond que de procédure* ***qui ont seules vocation à s'appliquer*** »[120] aux matières qu'il régit.

Ainsi donc, qu'elle soit facultative ou obligatoire, la communication au ministère public des causes relatives aux voies d'exécution OHADA n'a plus lieu d'être. Les juridictions nationales ne semblent cependant pas être de cet avis. Au Cameroun, certaines décisions rendues par les juridictions des régions du Centre, du Littoral et de l'Ouest en matière de contentieux d'exécution OHADA font état des conclusions du ministère public qui a ainsi reçu communication des causes dans cette matière. Cette communication s'observe principalement dans les causes

[119] MPINDA (F. A.), *Le procureur de la République au Cameroun, op. cit.*, pp. 112 - 113.
[120] CCJA, arrêt n° 003/2002 du 10 janvier 2002, affaire société SIEM c./Société ATOU et BICICI, suscité.

concernant les personnes morales de droit public[121] ainsi que dans celles relatives à la saisie immobilière[122].

Parfois, c'est le ministre de la Justice, par ailleurs membre du Conseil des ministres[123], l'organe législatif de l'OHADA[124], qui demande soit aux juges de communiquer aux parquets certaines causes relatives aux voies d'exécution OHADA[125], soit aux magistrats du parquet de prendre communication de certaines causes dont les voies d'exécution OHADA peuvent en faire partie. Dans ces cas de figure, les magistrats se trouvent contraints de se conformer aux instructions de leur hiérarchie, sous peine de sanctions. Mais il n'est pas exclu qu'ils se conforment à ces instructions parce que convaincus que la communication des causes au ministère public peut avoir des retombées positives pour la justice.

---

[121] C.A. du Littoral : arrêt n° 095/CE du 23 mai 2016, affaire Société AES Sonel c./KUEFOUET Etienne, inédit ; arrêt n° 147/CE du 14 octobre 2015, affaire CAMWATER et la Camerounaise des eaux (CDE) c./TCHINDA Maurice, inédit.

[122] V., C.A. de l'Ouest : arrêt n° 63 du 14 juin 2006, affaire KAMO GAMO Ruben, Minoterie de l'Ouest Cameroun (MINOCAM) c./Afriland First Bank S.A., *in, jurisprudences nationales OHADA*, n° 02 - décembre 2010, pp.138 et s. ; arrêt n° 16/COM du 23 septembre 2015, affaire Succession NGOUNOU Emmanuel et autres c./Afriland First Bank S.A., inédit ; arrêt n° 12/COM du 22 juillet 2015, affaire OUAFO c./Afriland First Bank S.A., inédit ; C.A. du Littoral, arrêt n° 019/C du 18 avril 2008, affaire La société NGUESSI AVENUE HÔTEL SARL c./BICEC S.A., *in, jurisprudences nationales OHADA*, n° 02-décembre 2010, pp.181 et s. ; C.A. du Littoral, arrêt n° 109/C du 1er aout 2008, affaire la Compagnie Africaine pour le Commerce International au Cameroun (CACIC) c./Société Afriland First Bank S.A., *in, jurisprudences nationales OHADA*, n° 02-décembre 2010, pp.192 et s.

[123] V. Art. 27 alinéa 2 du Traité OHADA.

[124] V. Art. 6 du Traité OHADA.

[125] MPINDA (F. A.), *Le procureur de la République au Cameroun, op. cit.*, pp. 113 - 14.

Paragraphe II : Pour l'instauration de la communication au ministère public des causes relatives aux voies d'exécution OHADA

Si la proscription de la communication au ministère public des causes relatives aux voies d'exécution OHADA peut se justifier, il demeure cependant qu'il existe d'autres raisons qui permettent de plaider en faveur de cette communication (**A**). Celle-ci devra toutefois être assortie d'un encadrement strict (**B**).

A. Les raisons de l'instauration

L'on a pu relever, non sans force, que la communication au ministère public des causes relatives aux voies d'exécution OHADA est de nature à mettre à mal la célérité relevée dans l'AUPSRVE. Cependant, la célérité ne garantit pas nécessairement la qualité de la justice. Certes, il faut juger à temps. Mais cela inclut aussi prendre le temps de juger ; en faisant ainsi intervenir tous les acteurs du processus judiciaire, susceptibles d'éclairer la justice. Il n'y a en effet jamais trop de chevaliers dans la quête de la justice. Le ministère public est alors l'un de ces chevaliers, surtout lorsque certains intérêts sont en jeux.

En effet, le ministère public est composé de magistrats qui ne jugent pas. Ceux-ci sont chargés de défendre certains intérêts devant les juridictions auprès desquelles ils sont institués. Il s'agit aussi bien de l'intérêt général que de certains intérêts privés jugés dignes d'attention par la société dont le ministère public est le représentant, et au nom de laquelle il agit. L'on cite ainsi parmi tous ces intérêts, ceux qui touchent au bien commun, notamment l'intérêt de la loi et les intérêts des personnes morales de droit public, lesquelles exercent une mission d'intérêt général. L'on cite également les intérêts des personnes en situation de vulnérabilité telles que le mineur, le majeur incapable et l'absent.

Ces intérêts pourraient alors être embarqués dans le cadre des voies d'exécution OHADA et l'exigence de leur protection par la société commande l'intervention du ministère public à travers la communication de cause. Mais pour éviter que cette communication ne soit préjudiciable à une bonne justice, il apparaît nécessaire de l'assortir d'un encadrement strict.

B. L'encadrement de la communication

En vertu du principe de l'autonomie procédurale, lequel postule la souveraineté de l'État dans l'organisation des règles relatives à la justice, les États de l'espace OHADA conservent la latitude d'organiser librement les règles de procédure applicables sur leur territoire, sous réserve cependant de celles prévues par le droit OHADA. L'on assiste donc à une disparité des règles de procédure dans l'espace OHADA[126]. Pourtant, la construction d'un espace juridique commun, comme c'est le cas avec l'OHADA, commande une cohérence qui pourrait bien s'étendre à ces règles de procédure dont l'influence sur l'application du droit matériel OHADA est assez considérable. Au demeurant, « *quand chacun fait ses règles, tout se dérègle* »[127].

S'il paraît impossible de procéder à une unification des règles de procédure dans l'espace OHADA, l'on peut au moins dégager des principes directeurs de procédure

---

[126] Un auteur pense d'ailleurs que cette disparité constitue une faiblesse de l'OHADA ; KAMGA (J.), « Réflexions « concrètes » sur les aspects judiciaires de l'attractivité économique du système juridique de l'OHADA », *Ohadata D-12-85,* p. 29.
[127] *Ibid*, p. 28.

applicables dans les États de cet espace[128]. Ces principes qui pourraient être consignés dans un « *Acte uniforme cadre* » portant harmonisation des procédures civiles et commerciales[129] fixeraient entre autres les grandes lignes de l'instruction des affaires. La communication des causes au ministère public figurerait alors comme une étape dans l'instruction des causes relatives au droit OHADA dans les États dont les législations prévoient une telle communication. Le grand défi reste cependant d'éviter que cette communication ne soit une source de lenteur du processus judiciaire comme c'est très souvent le cas[130].

Pour ce faire, l'on devrait impartir au ministère public un délai impératif pour intervenir dans les causes qui lui sont communiquées. Et le juge pourra passer outre cette intervention, et faire suivre la procédure si le ministère public venait à ne pas respecter ce délai. Cela suppose alors que soit plutôt communiquée au ministère public la copie du dossier de procédure, afin que l'original de ce dossier demeure disponible. Cette solution déjà prévue par le législateur camerounais lorsque le juge d'instruction est saisi d'une demande de mise en liberté[131] part du fait que

---

[128] *Ibid,* p. 30 ; v. TECHIOTSOP (C.), *Le système juridictionnel de l'OHADA, étude à la lumière de la justice interne et de l'Union européenne*, thèse précitée, pp. 90 - 91.

[129] L'on reprend ainsi à notre compte l'idée proposée par un auteur ; KAMGA (J.), « Réflexions « concrètes » sur les aspects judiciaires de l'attractivité économique du système juridique de l'OHADA », article précité, pp. 29 et s.

[130] Un parquetier affirme d'ailleurs que l'hostilité de la CCJA à l'égard du ministère public est probablement inspirée par le souci de célérité. TCHANTCHOU (H.), « La place du parquet ou ministère public dans les processus judiciaires communautaires : le cas de l'OHADA », article précité, p. 495.

[131] Art. 25 alinéa 3 d de la loi ci-dessus citée portant organisation judiciaire : « *dans les vingt-quatre (24) heures de l'enregistrement, la demande [de mise en liberté] est transmise, assortie du double du*

l'on relève dans la pratique que les parquets trainent généralement à retourner les dossiers de procédure qui leur sont communiqués, voire retiennent abusivement ceux-ci ; ce qui paralyse ainsi le cours de la procédure.

Mais il reste toutefois souhaitable que le ministère public, défenseur de la loi et de certains intérêts essentiels, intervienne toujours dans les causes qui lui sont communiquées. L'effectivité de cette intervention passe aussi par un renforcement quantitatif du personnel magistrat en service dans les parquets. En effet, l'insuffisance quantitative de ce personnel est une cause des lenteurs observées dans le traitement des dossiers par les parquets. Aussi, pour que l'intervention du ministère public en matière le droit des affaires OHADA soit pertinente et concoure ainsi à la qualité de la justice, il est également indispensable que les magistrats reçoivent une formation adéquate en droit des affaires OHADA.

Enfin, l'on reproche très souvent au ministère public le fait que ses prises de position dans le processus judiciaire ne s'inscrivent pas toujours dans la logique de justice[132]. Ce défaut est dû au statut même de cette institution, laquelle est subordonnée, voire assujettie au pouvoir exécutif. C'est alors là un défi à relever dans la rénovation du ministère public en droit uniforme OHADA.

---

dossier au procureur de la République pour ses réquisitions. Dans les quarante-huit heures de sa réception, le procureur de la République fait retour du dossier au juge d'instruction, assorti de ses réquisitions. Le juge d'instruction rend, dans les quarante-huit heures du retour du dossier ou en cas d'inobservation par le procureur de la République du délai à lui imparti pour le retour du dossier, soit une ordonnance de mise en liberté, soit une ordonnance de rejet de la demande ».

[132] TCHANTCHOU (H.), « La place du parquet ou ministère public dans les processus judiciaires communautaires : le cas de l'OHADA », article précité, p. 489.

SECTION II : LA RÉNOVATION DU MINISTÈRE PUBLIC EN DROIT UNIFORME OHADA

Le ministère public peut s'avérer être un gage de la sécurité judiciaire dans l'espace OHADA. D'une part, la création d'un parquet auprès de la CCJA pourrait renforcer les capacités de cette juridiction dans la réalisation de ses missions **(paragraphe I)**. D'autre part, l'effectivité des mesures d'exécution forcée prévues par l'AUPSRVE est tributaire de l'accès à des informations sur le patrimoine du débiteur. Le ministère public qui dispose de moyens d'investigation pourrait alors être appelé à mettre en œuvre ces moyens afin d'obtenir ces informations indispensables à l'exécution forcée **(paragraphe II).**

Paragraphe I : La création d'un ministère public auprès de la CCJA

Le ministère public n'est plus une institution confinée au plan national. L'on assiste aujourd'hui au développement d'un « espace international du ministère public »[133]. Le droit OHADA qui attribue des fonctions au ministère public[134] n'a cependant pas prévu cette institution auprès de la CCJA pour assurer à ce degré la continuité de ces fonctions. Cela nous paraît alors incohérent, car tout comme l'office du juge va jusqu'à la cassation, il devrait en être de même du ministère du ministère public : **c'est la continuité des fonctions de**

---

[133] FALLETI (F.), « Le nouvel espace international du Ministère public », *in Une certaine idée du droit*, Mélanges offertes à André DECOCQ, Édition du JurisClasseur, Paris, 2004, pp. 219 - 228.

[134] L'AUPCAP confie un ensemble de fonctions au ministère public. V. NGANDO (J. M.), *Le ministère public dans les procédures collectives OHADA*, mémoire précité.

justice[135]. Pour assurer cette continuité, il convient d'instituer auprès de la CCJA un parquet dont l'aménagement (**B**) sera à la hauteur de son rôle (**A**).

A. Le rôle du ministère public auprès de la CCJA

L'idée d'un parquet auprès de la CCJA ne date pas d'aujourd'hui. Elle a été avancée et soutenue par des auteurs[136] qui avaient alors estimé que le ministère public avait un rôle à jouer auprès de cette juridiction. Nous partageons cette position.

En effet, le rôle du ministère public auprès de la CCJA se résumerait essentiellement à « *veiller au respect de l'ordre juridique OHADA* [137]»[138]. Il lui reviendrait à cet effet de veiller au respect par les juridictions nationales de cassation, de la délimitation de compétence entre celles-ci et la CCJA[139], et à la bonne application du droit OHADA par les juridictions nationales d'instance et d'appel. À ces fins, il a été proposé l'institution en droit OHADA d'un

---

[135] En effet, les fonctions de justice que l'on retrouve au début du processus judiciaire, soit en première instance, devraient se poursuivre jusqu'au terme de ce processus, soit en cassation.

[136]ANOUKAHA (F.), « L'OHADA en marche », *Annales de la Faculté des Sciences Juridiques et Politiques de l'Université de Dschang*, Tome 6, 2002, numéro spécial droit OHADA - CIMA, p. 18 - Ohadata D-04-36 p. 8 ; POUGOUE (P.-G.) et KALIEU ELONGO (Y. R.), *Introduction critique à l'OHADA*, P.U.A, Yaoundé, Août 2008, pp. 45 - 46.

[137] DJONFANG (D.-A.), *L'ordre juridique OHADA*, mémoire de DEA, Université de Dschang, 2007, 123 p. ; ISSA-SAYEGH (J.), « L'ordre juridique OHADA », communication au colloque ARPEJE, ERSUMA, Porto-Novo 3 - 5 juin 2004, *Ohadata D-04-02*.

[138] POUGOUE (P.-G.) et KALIEU ELONGO (Y. R.), *Introduction critique à l'OHADA*, *op. cit.*, p.46.

[139] Lire TAGNE (R.), « La Cour suprême du Cameroun en conflit avec la Cour Commune de Justice et d'arbitrage », *JP* n° 62, avril - mai - juin 2005, pp. 104 - 110.

pourvoi dans l'intérêt de la loi[140] ou « *du droit communautaire* »[141]. Cette prérogative permettrait alors au ministère public auprès de la CCJA de se pourvoir en cassation devant cette juridiction, aussi bien contre les décisions rendues par les juridictions nationales de cassation au mépris de la compétence de la CCJA, que contre les décisions rendues par les juridictions inférieures et qui, étant devenues définitives, sont entachées de la violation du droit OHADA. Aussi, il reviendrait également au ministère public auprès de la CCJA de veiller au respect et à la défense de l'ordre public OHADA[142].

En droit pénal OHADA, suite au partage de compétence législative entre le législateur OHADA qui incrimine et le législateur national qui réprime[143], la question se pose de savoir si cet état de choses entraîne également un partage de compétence juridictionnelle en cassation, entre la CCJA qui connaîtrait du contentieux de l'incrimination et les juridictions nationales de cassation qui connaîtraient quant à elles du contentieux de la

---

[140] ANOUKAHA (F.), « L'OHADA en marche », article précité. ; ISSA-SAYEGH (J.) et LOHOUES-OBLE (J.), *Harmonisation du droit des affaires*, Bruylant, Bruxelles, 2002, n° 453 ; POUGOUE (P.-G.) et KALIEU ELONGO (Y. R.), *Introduction critique à l'OHADA, op. cit.*, p. 46 ; ASSONTSA (R.), note sous CA du Littoral, arrêts n° s 045/REF du 19 janvier 2009, aff. La Société Shell du Cameroun SA c./Dame TCHOUTANG YIMGA née YOPA Euloge - 160/REF du 12 août 2009, aff. Société International Electric Export c./Société Africa Trading Express, *JP* n° 84, Oct.-Nov.-Déc. 2004, pp. 113.

[141] NDAM (I.), « La coordination de souverainetés dans l'espace OHADA », *Penant* n° 878, pp. 88 - 89.

[142] MOHO FOPA (E. A.), *L'ordre public en droit commercial de l'OHADA*, thèse, Université de Dschang, 2014, 420 p., spéc. pp. 103 et s.

[143] V. art. 5 alinéa 2 du Traité OHADA.

répression[144]. Si la réponse à cette question est l'affirmative[145], alors il y'a lieu de dire que le ministère public auprès de la CCJA devra également exercer dans son domaine de prédilection qu'est la matière pénale. Il lui reviendra alors de « *veiller à la saine qualification des infractions définies par le législateur communautaire* »[146], ce en introduisant ou en soutenant les pourvois allant dans ce sens.

Mais s'il est vrai qu'une certaine logique juridique voudrait que ce partage de compétence législative en droit pénal OHADA entraîne également un partage de compétence juridictionnelle en cassation, il demeure que cette logique paraît assez incommode. En effet, un tel partage de compétence juridictionnelle conduirait à des procédures dont la lourdeur, la longueur et le coût pourraient être hors de proportion[147]. L'affaire devra d'abord être portée devant la CCJA qui statuera sur l'incrimination. Ensuite, elle sera renvoyée devant la juridiction nationale de cassation qui statuera sur la sanction. C'est inédit.

À notre connaissance, la CCJA ne s'est pas encore expressément prononcée sur cette question de partage de compétence juridictionnelle en droit pénal OHADA. Mais elle a cependant eu à juger sur la base de l'article 14 du Traité OHADA qu'elle *« ne peut connaître, par la voie du*

---

[144] MOHO FOPA (E. A.), *L'ordre public en droit commercial de l'OHADA*, thèse précitée, pp. 356 et s. ; KITIO (E.), « Le contentieux du droit pénal des affaires devant les hautes juridictions nationales et devant la CCJA », *JP* n° 94, avril - mai - juin 2013, pp. 67 - 78.

[145] KITIO (E.), *Ibid,* pp. 67 - 78, spéc. pp. 68 et s.

[146] KITIO (E.), « Le Ministère public en droit OHADA : une institution controversée ? (étude à la lumière de la législation camerounaise), article précité, p. 114.

[147] V. MEYER (P.), « La sécurité juridique et judiciaire dans l'espace OHADA », article précité, p. 8.

recours en cassation, des affaires qui, bien que soulevant des questions relatives à l'application des Actes uniformes et des Règlements prévus au Traité, concernent des décisions appliquant des sanctions pénales »[148]. On peut y voir là une reconnaissance de l'exclusivité de la compétence des juridictions nationales de cassation dans les affaires relatives à l'application des sanctions pénales, quand bien même ces affaires soulèveraient des questions relatives à l'application des Actes uniformes. Le revers de cette solution est cependant le risque d'une disparité de jurisprudence en droit pénal OHADA d'incrimination. En effet, il n'est pas exclu que les jurisprudences des juridictions nationales de cassation sur l'interprétation ou l'application de ce droit pénal divergent ; ces juridictions étant indépendantes les unes des autres[149].

Enfin, le ministère public pourrait aussi participer à l'exercice par la CCJA de ses fonctions consultatives, en présentant ou en faisant valoir son avis sur la question ou le problème posé. À l'évidence donc, la création d'un parquet auprès de la CCJA est de nature à renforcer les capacités de cette juridiction, et contribuer ainsi à la sécurité judiciaire dans l'espace OHADA. Il importe cependant que l'aménagement de cette institution soit à la hauteur de ce défi.

B. L'aménagement du ministère public auprès de la CCJA

Si l'on peut calquer la composition du ministère public auprès de la CCJA (**1**) sur celle de son homologue auprès des juridictions nationales de

[148] CCJA, Arrêt n° 053/2012 du 7 juin 2012, affaire Edouard ETONDE EKOTTO c./Port Autonome de Douala (PAD) et ministère public.

[149] V. MEYER (P.), « La sécurité juridique et judiciaire dans l'espace OHADA », article précité, p. 9.

cassation, il ne saurait en être de même du statut de cette institution auprès de cette juridiction (**2**).

1. La composition du ministère public auprès de la CCJA

La configuration et la composition du ministère public auprès des juridictions internationales diffèrent généralement de celles de cette institution auprès des juridictions nationales. Par exemple, à la Cour de Justice de la CEMAC la fonction de ministère public est assurée par un membre de la Cour appelé Avocat général, désigné à cet effet par Ordonnance du premier président[150]. Mais s'il est vrai que la CCJA est une juridiction internationale, il y'a cependant que ses attributions la rapprochent davantage d'une juridiction nationale de cassation[151]. Il s'agit en fait en matière de droit OHADA, d'une juridiction de cassation expatriée.

Le ministère public auprès de la CCJA pourrait alors être composé pareillement que celui que l'on retrouve auprès des juridictions nationales de cassation, quoique les appellations pourraient différer. On pourrait ainsi avoir auprès de la CCJA, un Commissaire de l'OHADA, un premier Avocat général et des Avocats généraux dont le nombre sera déterminé en fonction des disponibilités logistiques et financières. Ceux-ci pourront être assistés de

---

[150] V. : art. 31 de l'Acte additionnel n° 06/00/CEMAC-041-CCE-CJ-02 portant statut de la Chambre Judiciaire de la Cour de Justice de la CEMAC, et art. 31 de l'Acte additionnel n° 07/00/CEMAC-041-CCE-CJ-02 portant statut de la chambre des comptes de la cour de la CEMAC ; lire KAMTOH (P.), *Introduction au système institutionnel de la CEMAC*, Afrédit, 2014, pp. 89 et s.

[151] V. BOUMAKANI (B.), « Les juridictions communautaires en Afrique francophone : La cour commune de justice et d'arbitrage de l'O.H.A.D.A., les cours de justice de l'U.E.M.O.A. et de la C.E.M.A.C », *Annales de la FSJP de l'Université de Dschang*, Tome 3, 1999, pp. 70 - 76.

juristes, tout comme les juges de la CCJA dont ils pourront partager le statut.

2. Le statut du ministère public auprès de la CCJA

Le statut du ministère public auprès de la CCJA renvoie ici à sa condition juridique. L'on s'intéresse principalement à l'indépendance de cette institution. Sur ce point, si les membres du ministère public auprès de la CCJA doivent se retrouver subordonnés aux États comme leurs homologues sur le plan national, lesquels sont hiérarchiquement subordonnés au pouvoir exécutif, alors autant mieux abandonner l'idée d'un ministère public auprès de la CCJA. Car ses membres seraient portés à défendre les intérêts de leurs États d'origine ; ce qui créerait un véritable conflit d'intérêts.

L'on devra donc garantir au ministère public auprès de la CCJA une totale indépendance et impartialité, afin que ses membres ne soient pas des représentants des États auprès de cette juridiction. Ceux-ci ne devront alors exercer leurs fonctions que dans l'intérêt de l'OHADA et sous la stricte autorité des institutions compétentes de cette organisation. Ils pourront à cet effet bénéficier des garanties statutaires reconnues aux juges de la CCJA[152].

Ainsi pourrait être assurée auprès de la CCJA, la continuité des fonctions du ministère public en droit OHADA. Ces fonctions pourraient d'ailleurs inclure la recherche d'informations en vue de l'exécution forcée.

---

152 Sur ces garanties, v. NDAM (I.), « L'indépendance de la Cour Commune de Justice et d'Arbitrage : un nécessaire affermissement », *Penant* n° 888, pp. 303 - 334.

Paragraphe II : L'attribution au ministère public d'une mission de recherche d'informations en vue de la réalisation des voies d'exécution OHADA

L'une des innovations de la réforme française des procédures civiles d'exécution de 1991 fut l'attribution au procureur de la République d'une mission de recherche d'informations[153] en vue de l'exécution forcée. L'AUPSRVE qui s'est inspiré de cette réforme n'a cependant pas emprunté cette innovation. Pourtant, des raisons existent qui militent en faveur d'une telle mission

[153] L'article 39 de la loi n° 91-650 du 9 juillet 1991 portant réforme des procédures civiles d'exécution disposait en effet que : « *L'huissier de justice chargé de l'exécution, porteur d'un titre exécutoire, peut obtenir directement de l'administration fiscale l'adresse des organismes auprès desquels un compte est ouvert au nom du débiteur. Si l'administration ne dispose pas de cette information, le procureur de la République entreprend, à la demande de l'huissier de justice, porteur du titre et de la réponse de l'administration, les diligences nécessaires pour connaître l'adresse de ces organismes.*
Sous réserve du respect des dispositions de l'article 51, à la demande de l'huissier de justice chargé de l'exécution, porteur d'un titre exécutoire et d'un relevé certifié sincère des recherches infructueuses qu'il a tentées pour l'exécution, le procureur de la République entreprend les diligences nécessaires pour connaître l'adresse du débiteur et l'adresse de son employeur, à l'exclusion de tout autre renseignement.
Á l'issue d'un délai fixé par décret en Conseil d'État, l'absence de réponse du procureur de la République vaut réquisition infructueuse ». Rappelons que le procureur de la République a été déchu de cette mission de recherche d'informations par la loi n° 2010-1609 du 22 décembre 2010 relative à l'exécution des décisions de justice, aux conditions d'exercice de certaines professions réglementées et aux experts judiciaires. V. CASAL (N.), « Le Ministère public », article précité, n°s 19 et 20.

dans le cadre des voies d'exécution OHADA **(A),** assortie de l'organisation de sa mise en œuvre **(B).**

A. Les raisons de l'attribution

L'AUPSRVE prévoit et organise un droit à l'information du créancier dans le déroulement des saisies[154]. Cela est cependant insuffisant, car pour en arriver à la saisie, le créancier doit préalablement disposer de certaines informations relativement au débiteur et à son patrimoine. Or, le patrimoine se caractérise de nos jours par sa discrétion et sa mobilité[155]. En effet, les multiples mesures d'exécution forcée offertes au créancier par l'AUPSRVE sont vaines si celui-ci ne dispose pas de certaines informations sur le patrimoine du débiteur[156]. La

---

[154] V. FOMETEU (J.), « Théorie générale des voies d'exécution OHADA », *in* POUGOUE (P.-G.) (dir.), *Encyclopédie du droit OHADA*, Lamy, Paris, 2011, p. 2074, n° 52.

[155] Comme le souligne le professeur Roger Perrot, « *Le patrimoine dont on ne cesse de répéter qu'il est le gage général du créancier, n'est plus aujourd'hui ce qu'il était autrefois. Le temps n'est plus où l'huissier de justice connaissait tous ses paroissiens ; où il savait que le père Guillaume avait dix vaches, 3 hectares de terre à blé et quelques bibelots qu'il tenait de son oncle. Le patrimoine s'est intellectualisé et, pour cette raison, il a perdu aujourd'hui beaucoup de sa transparence. Ce sont des rémunérations diverses, des parts sociales qui se cachent dans tous les échafaudages que nous offre le droit des sociétés ; ce sont des comptes bancaires à Vaduz, au Luxembourg ou dans les îles lointaines des Caraïbes ! La fortune se dissimule aujourd'hui dans des boîtes informatiques* », Allocution d'ouverture de la journée de réflexion sur « Le titre exécutoire et le recouvrement des créances », publié par la Revue Procédures, août-septembre 2008, dossier spécial, p.8, cité par BODIAN (Y.), *La situation de l'État dans les procédures civiles d'exécution*, thèse précitée, p. 387.

[156] V. WANDJI KAMGA (A.-D.), *Le droit à l'exécution forcée, réflexion à partir des systèmes juridiques camerounais et français*, thèse précitée, pp. 208 et s.

saisie immobilière offerte au créancier chirographaire est assez significative de cet état de choses.

En effet, l'AUPSRVE permet au créancier de poursuivre le paiement de sa créance sur l'immeuble de son débiteur en cas d'absence ou d'insuffisance de biens meubles[157] ou encore pour le créancier hypothécaire, en cas d'insuffisance des immeubles sur lesquels il bénéficie d'une hypothèque[158]. L'article 254 de cet Acte uniforme exige cependant, et à peine de nullité que le commandement de saisie immobilière contienne le numéro du titre foncier de l'immeuble saisi. Or, rien n'est fait pour garantir au créancier chirographaire l'accès à ce numéro. Cette situation est alors de nature à remettre en cause l'effectivité du droit du créancier chirographaire à la saisie immobilière.

L'institution d'un mécanisme permettant au créancier d'accéder à des informations relatives à son débiteur et à ses biens apparaît ainsi comme un complément nécessaire aux différentes mesures d'exécution forcée prévues par l'AUPSRVE. Il s'agit en fait d'assurer au créancier dans le cadre des voies d'exécution, le droit à l'information qui au demeurant est un droit de l'homme. En effet, aux termes de l'article 9§1 de la CADHP, « *toute personne a droit à l'information* ». Suivant les Résolutions de la Commission africaine des droits de l'homme et des peuples, on peut définir ce droit comme étant le droit pour toute personne d'accéder à l'information détenue par les organes privés ou publics et qui est nécessaire à l'exercice ou à la protection de tout droit[159]. Ce dernier droit pourrait alors

---

[157] Art. 28 alinéa 2 de l'AUPSRVE.

[158] Art. 251 de l'AUPSRVE.

[159] Voir dans ce sens, le paragraphe 4 de la Résolution sur l'Adoption de la Déclaration de Principes sur la Liberté d'Expression en Afrique,

être le droit à l'exécution, lequel se réalise à travers les voies d'exécution.

Il faut cependant relever que le droit à l'information consacré par la CADHP n'est généralement évoqué que sous l'angle de la liberté d'expression[160]. Cependant, le laconisme et la brièveté avec lesquels ce droit a été formulé lui confèrent une certaine souplesse dans son interprétation et son application ; ce qui permet de l'adapter aux situations. Le juge KEBA M'BAYE déclarait justement à propos de la CADHP que : « *La formule rédactionnelle relativement simple des articles était conçue ainsi pour permettre une certaine souplesse dans l'application et l'interprétation ultérieure par les futurs utilisateurs de l'instrument juridique, le soin étant laissé aux organes de protection des droits de l'homme de compléter la charte* ».[161]

Ainsi donc, l'État qui d'une part, « *est tenu de prêter son concours à l'exécution des décisions et des autres titres exécutoires* »[162], et qui d'autre part, s'est engagé à respecter les droits consacrés par la CADHP, devrait permettre au créancier d'exercer son droit à l'exécution en mettant à sa disposition les informations nécessaires à l'exercice de ce droit. Pour plusieurs raisons, le parquet nous semble être le service de l'État qui devrait être chargé de la recherche de ces informations afin de les

---

Commission africaine des droits de l'homme et des peuples, 32e Session ordinaire à Banjul - Gambie, du 17 au 23 octobre 2002.

[160] Voir dans ce sens par exemple, BURGORGUE-LARSEN (L.), « Commentaire de l'article 9, §1 de la CADHP », *in* KAMTO (M.) (dir.), *La Charte africaine des droits de l'homme et des peuples et le protocole y relatif portant création de la Cour africaine des droits de l'homme, commentaire par article*, Éditions Bruylant, Bruxelles, 2011, pp. 220 - 237.

[161] Cité par BURGORGUE-LARSEN (L.), *Ibid*, p. 222.

[162] Art. 29 al.1 de l'AUPSRVE.

mettre à la disposition du créancier. D'abord, c'est au parquet que l'État a confié la mission de veiller à l'exécution des décisions de justice et des autres titres exécutoires. Ensuite, le parquet dispose d'importants moyens d'investigation qu'il déploie généralement en matière pénale.

Ainsi donc, il existe en l'état actuel du droit positif camerounais, des bases juridiques sérieuses sur lesquelles les magistrats du parquet peuvent s'appuyer pour se lancer dans une mission de recherche d'informations en vue de l'exécution forcée. Le parquet près les tribunaux de Dschang a d'ailleurs confirmé cette position en admettant, pour la première fois à notre connaissance en droit camerounais, une recherche d'informations sur un débiteur ainsi que sur son patrimoine en vue de l'exécution d'une décision de justice. Il accueillait ainsi favorablement la requête à cette fin d'un créancier[163]. Cependant, il est souhaitable, pour vaincre toute réticence, que le législateur confie expressément au parquet une mission de recherche d'informations dans le cadre des voies d'exécution, et qu'il en organise la mise en œuvre.

B. La mise en œuvre de la recherche d'informations

C'est à l'huissier chargé de l'exécution du titre exécutoire que le législateur devrait confier la saisine du ministère public pour la recherche d'informations en vue de l'exécution forcée. Cette saisine devrait cependant être l'ultime moyen pour l'huissier qui au préalable, mais en vain, a fait preuve de doigté et usé de tous les moyens de

[163] Voir Parquet TPI de Dschang, ST (Soit Transmis) n° 15 - 004 - DP/587, du 15 juin 2016, aff. TACHAGO YOUMSSI Durbois Noël c./SCI Fossong, objet : Recherche d'informations en vue de l'exécution de décision de justice, inédit.

son ministère pour parvenir par lui-même à l'exécution du titre exécutoire qui lui a été confié.

C'est ici le lieu de dire que, en considération de la qualité d'officier public ministériel de l'huissier[164], l'on devrait permettre à celui-ci d'accéder directement à certaines informations relatives au débiteur ainsi qu'à son patrimoine, et qui sont nécessaires à l'exécution forcée. L'huissier devrait ainsi pouvoir saisir directement les administrations publiques telles que la conservation foncière, l'administration de la prévoyance sociale ou encore l'administration fiscale ; lesquelles pourraient détenir de telles informations. Il devrait cependant être astreint au secret, en vue de préserver la vie privée du débiteur[165], et se garder d'utiliser les informations qui lui ont été communiquées à des fins autres que celles pour lesquelles il les a demandées.

Lorsque l'huissier sera cependant confronté à une carence d'informations dont il ne peut faire face par les moyens de son ministère, il pourra alors saisir le ministère public par une requête aux fins de recherche d'informations. Cette requête, accompagnée d'une copie certifiée conforme du titre exécutoire[166], devrait également faire état de toutes les diligences accomplies par l'huissier

---

[164] V. art. premier alinéa 1 du décret n° 79/448 du 5 novembre 1979 (plusieurs fois modifié) portant règlementation des fonctions et fixant le statut des huissiers ; PANSIER (F.-J.), « Office public ou ministériel », *Rép. pr. civ. Dalloz*, janvier 2008.

[165] V. BARRA (C.), *Les limites des voies d'exécution eu égard à la protection des données personnelles*, mémoire master II, Faculté de Droit et Science politique d'AIX Marseille III, 2008.

[166] La certification conforme pourra être faite par l'huissier, puisqu'avait-il été jugé que « *la copie du jugement, certifiée conforme par l'huissier dans l'exploit de signification, est présumée faite au vu de la grosse ou de l'expédition délivrée par le greffier* », C.S., arrêt n° 15/CC du 9 décembre 1969, Bull. n° 15, p. 2623.

ainsi que leur résultat. Cela permettra au ministère public d'une part, d'apprécier si sa saisine est abusive ou pas et d'autre part, de ne plus effectuer les mêmes diligences que celles que l'huissier a mentionné avoir déjà effectuées sans succès, à moins qu'il n'ait des raisons de croire qu'elles pourront aboutir à un meilleur résultat.

Le ministère public ainsi saisi pourra commettre un officier de police judiciaire aux fins d'effectuer les recherches ou de mener les investigations nécessaires. C'est en tout cas ce qu'a fait le procureur de la République près les tribunaux de Dschang dans le cadre de la recherche d'informations ci-dessus évoquée[167]. Celui-ci avait alors commis le commissaire spécial de Dschang en sa qualité d'officier de police judiciaire, pour procéder aux recherches et investigations sur le débiteur ainsi que sur ses biens.

Relativement à la réponse du ministère public, le législateur français de la réforme de 1991 avait prévu que l'absence de réponse du procureur de la République à l'issue d'un certain délai, fixé à trois mois, vaut réquisition infructueuse[168]. Cette solution ne nous semble pas appropriée dans un contexte comme le nôtre où les administrations publiques brillent davantage par leur inertie. En effet, il serait trop facile pour les parquets de ne pas effectuer les recherches sollicitées tout en sachant qu'à l'issue du délai imparti, la requête sera d'office considérée comme infructueuse. L'on devrait alors exiger des parquets une réponse expresse à l'issue d'un certain délai. Et en cas de recherche infructueuse, cette réponse devrait préciser les recherches effectuées, mais qui n'ont pas abouti. Ainsi, l'on sera assuré de ce que le ministère public a effectivement procédé aux recherches sollicitées.

---

[167] V. *supra*, note 163.
[168] V. CASAL (N.), « Le ministère public », article précité, n° 19.

* *
*

Les perspectives d'élargissement du champ d'action du ministère public en faveur de la réalisation des voies d'exécution OHADA s'inscrivent sur un double plan, organique et fonctionnel. En effet, la création d'un ministère public auprès de la CCJA est de nature à renforcer les capacités de cette juridiction dans l'application du droit OHADA des voies d'exécution ; ce à travers de nouvelles fonctions du ministère public. La communication au ministère public des causes relatives aux voies d'exécution OHADA et la recherche d'informations sur le débiteur et son patrimoine en vue de l'exécution forcée pourraient alors être entre autres ces nouvelles fonctions.

CONCLUSION DE LA PREMIÈRE PARTIE

Le concours du ministère public à la réalisation des voies d'exécution OHADA s'effectue essentiellement dans le cadre d'autres matières auxquelles la mise en œuvre des voies d'exécution peut faire appel. Ce concours s'inscrit dans un domaine restreint, composé de certaines fonctions du ministère public dans des matières aussi bien répressives que non répressives. Il nous a alors paru opportun d'envisager l'élargissement du domaine de ce concours, en impliquant directement le ministère public dans les voies d'exécution OHADA. Cet élargissement passerait ainsi par un retour à la communication au ministère public des causes relatives aux voies d'exécution. Mais surtout, il passerait par des innovations telles que la création d'un parquet auprès de la CCJA et l'attribution au ministère public d'une mission de recherche d'informations en vue de l'exécution forcée.

Cependant, le ministère public n'inscrivant pas toujours son action dans l'idéal de justice, celui-ci peut s'avérer redoutable pour la réalisation des voies d'exécution OHADA.

SECONDE PARTIE :

LES ENTRAVES DU MINISTÈRE PUBLIC À LA RÉALISATION DES VOIES D'EXÉCUTION OHADA

Consultée lors de la préparation du code de commerce de 1807 sur la nécessité d'introduire le ministère public auprès des tribunaux de commerce, la Cour de cassation française avait émis cet avis : « *Qu'on place un commissaire du gouvernement dans les tribunaux de commerce : avec lui entreront mille difficultés. Il voudra conduire le tribunal, il l'influencera toujours* »[169]. Cette hostilité traduit la méfiance depuis longtemps entretenue à l'égard du ministère public dans le processus judiciaire dont les voies d'exécution en constituent la phase d'achèvement.

En effet, l'ambigüité qui entoure le statut du ministère public fait que cette institution n'apparaît pas toujours nette. Cette ambigüité a d'ailleurs conduit la Cour européenne des droits de l'homme à dénier aux agents du parquet les qualités d'autorité judiciaire et de magistrat[170]. Ainsi, malgré les textes dont l'analyse permet d'établir une obligation du ministère public d'apporter son concours à l'exécution forcée, il demeure cependant que cette institution n'inscrit pas toujours son action dans le sens de cette obligation. Il arrive en effet très souvent que de manière passive ou active, le ministère public entrave l'exécution forcée. Certes, juridiquement ces entraves peuvent souvent s'expliquer. Mais elles ne se justifient pas pour autant en droit OHADA, car elles sont toujours susceptibles d'entraîner des sanctions **(chapitre II),** quel que soit leur contenu **(chapitre I)**.

---

[169] DIDIER (P.) et DIDIER (Ph.), *Droit commercial, t. II, Introduction générale*, cité par NGANDO (J. M.), *Le ministère public dans les procédures collectives OHADA*, mémoire précité, p. 107, n° 169.

[170] V. : CEDH, 5e Sect. 10 juillet 2008, affaire Medvedyev c./France, req. n° 3394/03 ; CEDH, 5e Sect., 23 novembre 2010, affaire France Moulin c./France, Requête n° 37104/06.

CHAPITRE I :

LE CONTENU DES ENTRAVES

Pour une bonne justice, il importe que soit garantie l'indépendance des magistrats qui en sont les principaux acteurs. Le constituant camerounais l'a compris, et a proclamé l'indépendance du pouvoir judiciaire exercé par les magistrats[171]. Organe composé de magistrats, le ministère public est cependant partagé entre l'indépendance et la subordination hiérarchique. Cette situation est alors de nature à présenter un certain risque pour la justice, dans laquelle s'inscrit l'exécution forcée, en ce qu'elle affecte les missions du ministère public. De même, certaines prérogatives du ministère public emportent également des risques pour l'exécution forcée.

Cela dit, la réalisation des voies d'exécution OHADA peut se trouver éprouvée aussi bien par le statut du ministère public **(section I)** que par certaines prérogatives de cette institution **(section II).**

SECTION I : LES ENTRAVES RELATIVES AU STATUT DU MINISTÈRE PUBLIC

Les aspects du statut du ministère public qui constituent un danger pour la réalisation des voies d'exécution OHADA sont d'une part, sa subordination hiérarchique au pouvoir exécutif **(paragraphe I)** et d'autre part, son indépendance à l'égard du juge et des justiciables **(paragraphe II).**

---

[171] Art. 37 al. 2 de la constitution : « *le pouvoir judiciaire est exercé par la Cour Suprême, les cours d'appel, les tribunaux. Il est indépendant du pouvoir exécutif et du pouvoir législatif* ».

Paragraphe I : Les entraves relatives à la subordination hiérarchique du ministère public au ministre de la Justice

Quoique légale **(A)**, la subordination hiérarchique du ministère public au ministre de la Justice constitue néanmoins un danger pour la justice, dans laquelle s'inscrit la réalisation des voies d'exécution OHADA **(B).**

A. Le fondement légal de la subordination hiérarchique

Aux termes de l'article 30 de la loi n° 2006/015 du 29 décembre 2006 portant organisation judiciaire, « *(1) Il existe auprès de chaque Cour d'appel un parquet général dirigé par un procureur général qui relève directement du ministère chargé de la justice.*

(2) Il existe auprès de chaque tribunal de première ou de grande instance un parquet dirigé par un procureur de la République directement subordonné au procureur général près la Cour d'appel du ressort ». L'article 3 alinéa 1er du décret n° 95/048 du 8 mars 1995 portant statut de la magistrature va dans le même sens, quoique l'on y dénote une intention d'atténuer cette subordination hiérarchique du ministère public. Cette disposition prévoit en effet que « *les magistrats du parquet et les attachés de justice relèvent administrativement de la seule autorité du ministre de la Justice* ». Cette « *autorité administrative* » du ministre de la Justice sur les magistrats du parquet est alors susceptible d'affecter les fonctions de ceux-ci devant les juridictions auprès desquelles on les retrouve, et influencer ainsi le cours de la justice à laquelle ces magistrats participent. Pourtant, c'est afin d'éviter cette situation que la Déclaration de BAMAKO de l'Organisation internationale de la Francophonie du 3 novembre 2000

énonce l'indépendance de la magistrature[172], pour assurer ainsi l'indépendance du pouvoir judiciaire.

Cette indépendance du pouvoir judiciaire est alors mise en berne par la subordination hiérarchique des magistrats du ministère public au ministre de la Justice qui relève du pouvoir exécutif. Comme l'affirme en effet monsieur Jean-Claude MARIN, procureur général près la Cour de cassation française, « *toute dépendance dans l'acte de poursuivre ou de juger neutralise le pouvoir judiciaire tout entier, au sens de la distinction opérée par Montesquieu dans l'Esprit des lois, à savoir qu'« il n'y a point de liberté si la puissance de juger n'est pas séparée de la puissance législative et de l'exécutrice* » »[173].

Ainsi, quelle que soit la justification que l'on voudra donner à la subordination des magistrats du parquet au pouvoir exécutif[174], force est de reconnaître que celle-ci n'est pas de bon augure pour la justice, dans laquelle s'inscrit la réalisation des voies d'exécution OHADA.

B. Le danger de la subordination hiérarchique

De tout temps, l'exécutif a toujours été considéré comme redoutable pour les droits et libertés des individus. Les atteintes à l'indépendance de la justice sont en effet

---

[172] V. point 4 - A. 3 de cette Déclaration, où les États et gouvernements prennent l'engagement d'« *assurer l'indépendance de la magistrature, la liberté du barreau et la promotion d'une justice efficace et accessible, garante de l'État de droit (...)* ».

[173] MARIN (J.-C.), « Réflexion sur le statut du magistrat du parquet », Discours prononcé lors du colloque sur « Le statut du magistrat », organisé le vendredi 18 décembre 2015 en partenariat avec l'Université Panthéon-Assas (Paris 2) et l'Association Française pour l'Histoire de la Justice (AFHJ), disponible sur le site de la Cour de cassation de France : www.courdecassation.fr.

[174] V. NDJERE (E.), *Le ministère public ou Parquet*, Tome I, 2e éd. *op. cit.*, pp. 44 et s.

essentiellement liées aux pesanteurs hiérarchiques auxquelles sont soumis les magistrats en général et ceux du parquet en particulier[175]. Comme l'affirme un auteur magistrat, « *le grand moyen d'intervention du pouvoir [exécutif] dans les instances judiciaires est le parquet* »[176] qui « *dispose d'une possibilité de court-circuiter le bon déroulement d'un procès* »[177].

La subordination hiérarchique des magistrats du ministère public oblige en effet ceux-ci à rendre compte à leur hiérarchie, soit d'office, soit à la demande de l'autorité hiérarchique, de certaines affaires dont les voies d'exécution OHADA peuvent en faire partie[178]. Lorsque l'autorité hiérarchique est intéressée par ces affaires, elle donne au parquet des instructions sur leur traitement. Ces instructions qui ne s'inscrivent pas toujours dans la logique de justice poursuivie par le pouvoir judiciaire sont généralement suivies à la lettre par les magistrats du parquet, quoiqu'ils disposent d'une certaine liberté de parole à l'audience. L'article 3 alinéa 3 du décret précité portant statut de la magistrature prévoit en effet que cette liberté de parole des magistrats du parquet « *ne s'exerce à l'audience, lorsque des instructions leur ont été données, qu'à condition qu'ils aient préalablement et en temps utile, informé leur chef hiérarchique direct de leur intention de s'écarter oralement des réquisitions ou conclusions écrites déposées conformément aux instructions reçues* ».

---

[175] HOURQUEBIE (F.), « L'indépendance de la justice dans les pays francophones », *Les cahiers de la justice*, 2012/2, p. 53.

[176] SOCKENG (R.), *Les institutions judiciaires au Cameroun*, MACACOS, 4e éd., 2005, p. 182

[177] *Ibid*, p. 181.

[178] KUATE TAMEGHE (S. S.), *La justice, ses métiers, ses procédures,* L'Harmattan, Paris, 2016, p. 439.

Il est toutefois difficile dans un contexte à connotation autoritaire qu'un magistrat du parquet s'écarte des instructions reçues de l'autorité hiérarchique, car cela pourrait l'exposer à des représailles, tant sur le plan de sa carrière que sur le plan disciplinaire. En effet, d'une part, les magistrats du parquet sont des fonctionnaires qui font carrière. Or, on sait que toute carrière est ambitieuse et que la réalisation de cette ambition passe par l'autorité hiérarchique. D'autre part, quoique le fait pour un magistrat du parquet de s'écarter des instructions de la hiérarchie conformément à l'article 3 alinéa 3 ci-dessus cité ne constitue pas une faute, il demeure que l'on ne peut exclure le risque d'une instrumentalisation du pouvoir disciplinaire contre ce magistrat afin de sanctionner cet écart.

Concrètement, la subordination hiérarchique des magistrats du ministère public est redoutable pour la réalisation des voies d'exécution OHADA en ce qu'elle peut amener ceux-ci à opposer les instructions de leur hiérarchie à cette réalisation. De même, elle ouvre la voie aux influences extérieures de tout genre dans le processus des voies d'exécution qui vise à satisfaire l'intérêt du créancier, à l'égard de qui le ministère public renoue avec l'indépendance.

Paragraphe II : Les entraves relatives à l'indépendance du ministère public

Le ministère public est indépendant. Cela est vrai tant à l'égard du juge (**A**) qu'à l'égard des justiciables (**B**).

A. L'indépendance du ministère public à l'égard du juge

On a pu relever plus haut que malgré le fait que la communication au ministère public des causes relatives aux voies d'exécution OHADA soit contraire au droit

OHADA, celle-ci continue d'avoir cours devant les juridictions nationales. Le juge qui communique alors ces causes au ministère public se risque aux caprices de l'indépendance de cette institution à son égard.

En effet, le juge ne peut adresser ni ordre ni injonction au ministère public. Dès lors, lorsqu'il communique un dossier de procédure à celui-ci, il ne peut lui enjoindre le moment de sa restitution. Or, le temps du ministère public n'est pas toujours le temps de la justice. Il est en effet plus urgent pour un magistrat du parquet de rapporter à sa hiérarchie une affaire qui lui a été communiquée que d'intervenir pour faire avancer la procédure. D'ailleurs, cette intervention dépendra des instructions reçues de la hiérarchie.

Le juge qui a ainsi communiqué un dossier de procédure au ministère public est donc impuissant face à la lenteur de celui-ci à restituer ce dossier. Cette lenteur est alors de nature à remettre en cause l'efficacité des voies d'exécution OHADA à laquelle participe la célérité[179].

Cette indépendance qui caractérise le ministère public se vérifie également à l'égard des justiciables.

B. L'indépendance du ministère public à l'égard des justiciables

Le ministère public n'est pas tenu par les justiciables. Ainsi, lorsque ceux-ci portent à sa connaissance la commission d'une infraction qui constitue un obstacle ou une entrave à la réalisation des voies d'exécution OHADA, celui-ci n'est pas tenu d'engager les poursuites

---

[179] À titre d'exemple de l'exigence de célérité dans les voies d'exécution OHADA, l'article 298 al. 2 de l'AUPSRVE prévoit que les affaires en matière d'incidents de la saisie immobilière sont instruites et jugées d'urgence.

pénales. Faisant en effet application de la règle de l'opportunité des poursuites, il peut décider de classer l'affaire sans suite. Cette situation est alors de nature à entraver la réalisation des voies d'exécution OHADA, car faute de répression de cette infraction, il devient difficile, voire impossible, de se défaire de l'obstacle ou de l'entrave à l'exécution forcée qu'elle constitue. Par exemple, une rébellion contre l'exécution d'une décision de justice, restée impunie constituera une menace permanente à l'exécution de cette décision. De même, l'impunité du détournement d'un bien saisi aura pour conséquence l'indisponibilité de ce bien pour l'exécution forcée[180].

L'indépendance du ministère public à l'égard des justiciables ne se vérifie pas seulement dans le cadre des fonctions pénales de celui-ci. Elle est un élément du statut du ministère public, et vaut pour toutes ses fonctions, quelle que soit la matière. Ainsi, s'il est vrai que le ministère public doit apporter son concours à l'exécution forcée, le justiciable créancier ne doit toutefois pas croire qu'il s'agit là d'une obligation absolue de celui-ci. Certaines considérations peuvent en effet conduire le ministère public à s'opposer à cette exécution. Il peut notamment s'agir de l'ordre public dont la protection est une des prérogatives du ministère public qui peut ainsi s'exercer au détriment de l'exécution forcée.

---

[180] L'article 35 du CP prévoit qu'en cas de condamnation pour crime ou délit, la juridiction peut ordonner la confiscation du corps du délit. La condamnation pour détournement de biens saisis peut donc être suivie de la confiscation de ces biens qui constituent le corps du délit, afin de les remettre à la disposition des voies d'exécution.

SECTION II : LES ENTRAVES RELATIVES AUX PRÉROGATIVES DU MINISTÈRE PUBLIC

La mise en œuvre des voies d'exécution OHADA peut compromettre l'ordre public. La préservation de cet ordre constitue alors une prérogative non moins importante du ministère public dans le cadre de cette matière **(paragraphe I).** Au demeurant, pour l'exercice de cette prérogative, le ministère public peut recourir à ses prérogatives à l'égard de l'huissier **(paragraphe II).**

Paragraphe I : La préservation par le ministère public de l'ordre public en voies d'exécution OHADA

L'ordre public est une notion juridique difficile à définir. Pourtant, tout ce que l'on peut dire à son sujet est susceptible d'être vrai[181], quoique toujours insuffisant. Un auteur a d'ailleurs qualifié cette notion de « *notion fourre-tout* »[182]. Originairement conçu comme une limite à l'exercice des droits de l'homme et des libertés publiques, l'ordre public s'avère aussi être une condition d'exercice de ces droits et libertés qu'un droit de l'homme, le droit à l'ordre. L'ordre public est une norme de nécessité[183] que

---

[181] Le professeur MALAURIE affirmait justement au sujet de la définition de l'ordre public que : *« nul n'a jamais pu en définir le sens, chacun en vante l'obscurité et tout le monde s'en sert »*, MALAURIE (Ph.), *L'ordre public et le contrat*, thèse, Paris, 1954, p. 3., cité par MOHO FOPA (E. A.), *L'ordre public en droit commercial de l'OHADA*, thèse précitée, p. 2.

[182] BIKOE (M.), « L'ordre public et l'exercice des libertés publiques en droit camerounais », *Cahiers Juridiques et Politiques (Revue de la FSJP de l'Université de N'Gaoundéré)*, numéro spécial : l'ordre public, 2015, p. 111

[183] Encyclopédie Dalloz, Répertoire de droit communautaire, 8e année, t. 3, 14 avr. 2000, « Ordre public », p. 1, cité par MOHO

l'on retrouve dans toutes les disciplines juridiques où il ne revêt pas toujours le même sens. Les voies d'exécution OHADA n'échappent donc pas à la notion d'ordre public **(A)**. Il appartient alors entre autres au ministère public de veiller à la préservation de cette valeur d'intérêt général dans le cadre de cette matière **(B).**

A. La notion d'ordre public en voies d'exécution OHADA

Les voies d'exécution sont particulièrement attractives de la notion d'ordre public, car elles sont traditionnellement d'ordre public[184]. Cette notion d'ordre public renvoie en effet à une double réalité dans le cadre de cette matière. Tout d'abord, elle renvoie à l'interdiction par le législateur de certaines mesures d'exécution[185]. L'article 246 de l'AUPSRVE est à cet égard très significatif. Aux termes de cet article, « *le créancier ne peut faire vendre les immeubles appartenant à son débiteur qu'en respectant les formalités prescrites par les dispositions qui suivent. Toute convention contraire est nulle* ». Ce texte proscrit ainsi la clause de voie parée. Il s'agit de la convention par laquelle le créancier se faisait consentir par le débiteur, le droit en cas de non-paiement et après commandement, de faire vendre l'immeuble de ce dernier sans suivre les formalités de la saisie immobilière[186]. Le créancier n'est cependant pas condamné à se soumettre aux règles assez complexes de la

---

FOPA (E. A.), *L'ordre public en droit commercial de l'OHADA*, thèse précitée, p. 2, n° 1.

[184] BRENER (C.), *Procédures civiles d'exécution, Cours, op. cit.*, n° 20.

[185] DJONGA (P.), « La protection de l'ordre public en procédures civiles d'exécution », article précité, pp. 262 - 267.

[186] CORNU (G.) (dir.), *Vocabulaire juridique*, dernière éd. mise à jour, PUF, Paris, 2012, p. 1071.

saisie immobilière. Il peut en effet échapper à ces règles à travers le pacte commissoire[187] qui est admis en droit OHADA[188] ; ce qui traduit un assouplissement de l'ordre public dans les voies d'exécution OHADA.

La notion d'ordre public dans le cadre des voies d'exécution peut également s'entendre de « *l'ordre dans la rue* »[189], c'est-à-dire la paix publique. Celle-ci est en effet susceptible d'être troublée « *par des agissements matériels* »[190] qui peuvent consister en des résistances ou oppositions à l'exécution forcée.

Comme dans toute autre discipline juridique, l'ordre public dans les voies d'exécution est une valeur qui doit nécessairement être protégée. Cette protection incombe alors entre autres au ministère public.

---

[187] Le pacte commissoire est la clause ou la convention par laquelle les parties à une convention de garantie prévoient qu'en cas d'inexécution de l'obligation garantie, le bien objet de la garantie demeurera en propriété au créancier. V. l'Acte uniforme OHADA portant organisation des suretés.

[188] V. NJEUFACK TEMGWA (R.), « Réflexion sur les procédés alternatifs de réalisation des sûretés réelles conventionnelles en droit OHADA », *JP* n° 92, oct. - nov. - déc. 2012, pp. 111 - 112

[189] Obs. sous arrêt *Couitéas, in* LONG (M.) et autres, *Les grands arrêts de la jurisprudence administrative*, 13e éd, Dalloz, Paris, 2001, p. 263.

[190] COMBACAU (J.), « Conclusions générales », *in* : *L'ordre public : ordre public ou ordres public ? Ordres public et droits fondamentaux*, Actes du colloque de Caen des 11 et 12 mai 2000, Bruylant, 2001, pp. 415-419, cité par BIKOE (M.), « L'ordre public et l'exercice des libertés publiques en droit Camerounais », article précité, p. 126, note 65.

B. La négation de la réalisation des voies d'exécution OHADA en matière de préservation de l'ordre public

Le ministère public veille à la préservation de l'ordre public dans le cadre des voies d'exécution OHADA aussi bien à travers ses fonctions judiciaires que ses fonctions extrajudiciaires. Sur le plan judiciaire[191], la communication au ministère public des causes relatives aux voies d'exécution OHADA permet à celui-ci de veiller à la bonne application de la réglementation relative à cette matière. Partant, il veille ainsi au respect de l'ordre public qui y est institué.

Sur le plan extrajudiciaire, la pratique révèle des interventions matérielles du ministère public qui s'oppose à l'exécution forcée au nom de l'ordre public, pris au sens de la paix publique ou sociale[192]. Pour autant qu'elle soit véritablement fondée sur la nécessité de protéger l'ordre public, cette opposition du ministère public à l'exécution forcée peut être perçue comme la transposition en matière de voies d'exécution de la règle posée à l'article 64 du CPP, dite *nolle prosequi.* Pour rappel, cette règle permet au ministère public d'arrêter les poursuites pénales engagées lorsque celles-ci sont de nature à compromettre l'intérêt social ou la paix publique. Par un raisonnement *a fortiori,* l'on peut étendre l'application de cette règle aux voies d'exécution, car ce qui vaut au pénal peut également valoir à plus forte raison au civil.

De même, le ministère public peut refuser le concours de la force publique à l'exécution forcée lorsqu'il y'a

---

191 V. LEBORGNE (A.), *Droit de l'exécution, voies d'exécution et procédures de distribution, op. cit.*, p. 148, n° 292 et s.

192 TIMTCHUENG (M.), *Le délai raisonnable en droit processuel camerounais*, thèse, Université CHEIKH ANTA DIOP de DAKAR, 2013, p. 345, n° 525.

danger pour l'ordre public. En effet, comme l'affirmait le juge dans la jurisprudence *Couitéas, « (...) le gouvernement a le devoir d'apprécier les conditions de [l'] exécution et de refuser le concours de la force armée, tant qu'il estime qu'il y'a danger pour l'ordre et la sécurité (...)* »[193]. Toujours en vue de la préservation de l'ordre public dans le cadre de l'exécution forcée, le ministère public peut également s'opposer à l'accomplissement du ministère de l'huissier. Cette opposition est davantage rendue possible par les prérogatives qu'il dispose à l'égard de cet officier ministériel.

Paragraphe II : Les prérogatives du ministère public à l'égard de l'huissier

En droit positif camerounais, il est attribué au ministère public des prérogatives à l'égard de l'huissier (**A**). Ces prérogatives sont alors susceptibles de compromettre l'exécution des titres exécutoires dont cet officier ministériel en a la charge (**B**).

A. Le fondement juridique des prérogatives à l'égard de l'huissier

Les pouvoirs dont dispose le ministère public à l'égard de l'huissier trouvent leur fondement juridique dans le décret n° 79/448 du 5 novembre 1979 (plusieurs fois modifié) portant réglementation des fonctions et fixant le statut des huissiers. Aux termes de l'article 40 de ce décret, « *(1) Les huissiers exercent leur activité sous la direction et le contrôle des magistrats du ministère public. (2) Le pouvoir disciplinaire à l'égard des huissiers*

[193] V. LONG (M.) et autres, *Les grands arrêts de la jurisprudence administrative, op. cit.,* p. 260, n° s 292 - 293.

appartient aux Procureurs généraux près les Cours d'appel et au ministre de la Justice, Garde des Sceaux ».

Le ministère public dispose donc de trois pouvoirs à l'égard de l'huissier : le pouvoir de direction, le pouvoir de contrôle et le pouvoir disciplinaire[194]. Ces pouvoirs sont alors susceptibles d'avoir une incidence négative sur l'exécution des titres exécutoires dont l'huissier en a la charge.

B. L'incidence négative des prérogatives à l'égard de l'huissier sur la réalisation des voies d'exécution OHADA

Il est arrivé des fois dans la pratique où sur le fondement de leurs prérogatives à l'égard de l'huissier, les magistrats du ministère public se sont opposés à une exécution forcée, en donnant ainsi des instructions à l'huissier dans le sens de l'arrêt de cette exécution[195]. Parfois, certains magistrats du parquet sont personnellement descendus au lieu de l'exécution pour sommer l'huissier d'arrêter l'exécution forcée entamée. Cette situation a alors suscité à juste titre de l'inquiétude chez les huissiers qui ont estimé que, « *si l'huissier doit toujours se prêter au contrôle du Procureur, celui-ci doit de son côté se garder de lui dicter l'attitude à prendre à l'occasion de l'exécution des décisions de justice* »[196].

Le problème se pose à notre sens à propos du pouvoir de direction du ministère public sur les activités de

---

194 KUATE TAMEGHE (S. S.), *La justice, ses métiers, ses procédures, op. cit.* pp. 529 - 536.

195 MAIDAGI (M.), « Le défi de l'exécution des décisions de justice en droit OHADA », *Ohadata D-06-51*, p. 6.

196 OMAM (F.), « Le rôle de l'Huissier en matière d'exécution des décisions de justice depuis l'Acte uniforme relatif aux mesures de recouvrement forcé et aux voies d'exécution », *RCDA*, n° 4, juill. - sept. 2000, p. 22.

l'huissier, lequel soulève des interrogations. Il s'agit notamment de savoir si l'huissier doit être considéré comme un auxiliaire du ministère public à l'instar des officiers et agents de police judiciaire qui exercent également leurs activités sous la direction du ministère public[197] ; ou encore si l'huissier doit plutôt être considéré comme subordonné au ministère public ou placé sous sa tutelle.

Quelle que soit la réponse à ces interrogations, ce pouvoir de direction du ministère public sur les activités de l'huissier nous paraît inapproprié, car il place l'huissier sous la dépendance du ministère public. Or, l'huissier doit pouvoir jouir de toute l'indépendance et la liberté d'action nécessaires dans l'accomplissement de son ministère, sans que quiconque vienne à lui dicter son attitude et quitte à lui d'en répondre de ses abus. Officier ministériel, l'huissier est chargé entre autres d'accomplir les décisions de la justice qui par essence est indépendante. Or, toute dépendance de l'huissier pourrait compromettre la réalisation de ces décisions, et partant la sécurité judiciaire[198] qui est une valeur chère à l'OHADA.

* *

*

---

[197] Art. 78 du CPP.

[198] Comme l'affirmait si bien Jacques Isnard, président de l'Union Internationale des Huissiers de Justice, « *L'huissier de justice doit être indépendant du pouvoir exécutif et de toute autre autorité politique. S'il n'est pas indépendant, il y'a des risques que les décisions du juge ne soient pas acceptées, ce qui est une réelle atteinte à la démocratie (...) Si un État ne fait pas de garanties dans le domaine de l'exécution, il ne présente pas de sécurité juridique* », cité par MAH (E. P.), *La profession d'huissier de justice au Cameroun francophone*, L'Harmattan, Paris, 2014, p. 127 - 128, note 210.

La subordination hiérarchique des magistrats du ministère public constitue un danger pour leur mission de justice dans laquelle s'inscrit la réalisation des voies d'exécution OHADA. De même, l'indépendance qui prévaut dans les relations de ces magistrats avec le juge et les justiciables est en fait au service de cette subordination, de même qu'elle accorde au ministère public une liberté d'action qui n'est pas toujours en faveur de la réalisation des voies d'exécution OHADA. Ces dernières pouvant compromettre l'ordre public, c'est aussi là une autre occasion pour le ministère public d'entraver leur bon déroulement, au motif de la préservation de l'ordre public. Au demeurant, les pouvoirs dont dispose le ministère public à l'égard de l'huissier participent à faciliter cette intervention négative de cette institution dans le cadre des voies d'exécution OHADA.

Cette mise à l'épreuve par le ministère public des voies d'exécution OHADA est cependant susceptible d'entraîner des sanctions.

CHAPITRE II :

LA SANCTION DES ENTRAVES

Cette sanction se rapporte à la responsabilité. Celle-ci est définie comme étant l'obligation de répondre d'un dommage devant la justice et d'en assumer les conséquences[199]. Cette définition ne vaut cependant que pour la responsabilité judiciaire. En effet, il existe d'autres types de responsabilités à l'instar de la responsabilité disciplinaire qui repose davantage sur une faute que sur le dommage que cette faute a pu causer. La responsabilité trouve ainsi son fondement soit dans un dommage, soit dans une faute ; étant entendu que le premier peut exister en l'absence de la seconde.

La responsabilité dont il est question ici incombe principalement à l'État. En effet, aux termes de l'article 29 alinéa 3 de l'AUPSRVE, « *la carence ou le refus de l'État de prêter son concours [à l'exécution des décisions et des autres titres exécutoires] engage sa responsabilité* ». *A fortiori,* il y va de même de l'opposition de l'État à l'exécution de ces titres exécutoires[200]. Il s'agit alors de la responsabilité civile de l'État. La responsabilité pénale est exclue, car d'une part, *« nullum crimen, nulla peona sine*

---

[199] CORNU (G.) (dir.), *Vocabulaire juridique, op. cit.*, p. 908.

[200] V. TRHC de Dakar (Sénégal), Jugement du 14 juillet 2004, affaire TRANSAIR c./État du Sénégal et la société EEXIMCOR, Ohadata J-06-02.

lege »[201] et d'autre part, le Code pénal exclut la responsabilité pénale de l'État et de ses démembrements[202].

L'État n'agissant que par le biais de ses agents à l'instar de ceux du ministère public, il peut ainsi être directement ou indirectement responsable à titre principal de leurs actes **(section I)** ; cela n'exclut cependant pas la responsabilité subsidiaire de ces agents **(section II).**

SECTION I : LA RESPONSABILITÉ DE L'ÉTAT À TITRE PRINCIPAL

Il est communément admis que l'on est responsable de ses actes. Cette règle ne valait cependant que pour les personnes privées, car pour ce qui était des personnes publiques, dont l'État, la règle était l'inverse ; celle de l'irresponsabilité. Les évolutions vers la responsabilité des personnes morales de droit public ainsi que celle de leurs agents[203] vont conduire la jurisprudence à poser le principe de la responsabilité de l'État[204]. Désormais donc, la responsabilité de l'État peut être mise en œuvre (**paragraphe II**) dès lors que ses fondements sont établis (**paragraphe I**).

Paragraphe I : Les fondements de la responsabilité de l'État

Les entraves du ministère public à la réalisation des voies d'exécution OHADA peuvent constituer une faute susceptible d'engager la responsabilité de l'État (**A**). Cette

---

[201] V. AQUEREBURU (A. C.), « L'État justiciable de droit commun dans le traité OHADA », *Penant*, n° 865, oct. - déc. 2008, pp. 48 - 54.
[202] Art. 74-1 b du CP.
[203] DRAGO (R.), « Responsabilité (principes généraux de la) », *Rép. resp. puiss. publ. Dalloz*, mai 2004, n° 2.
[204] À travers le célèbre arrêt *Blanco*, v. LONG (M.) et autres, *Les grands arrêts de la jurisprudence administrative, op. cit.*, pp. 1 - 7.

responsabilité peut toutefois exister en l'absence de faute, notamment sur le fondement de la rupture de l'égalité des citoyens devant les charges publiques (**B**).

A. La faute des agents du ministère public

Pour les civilistes, la faute est selon la formule de PLANIOL, un « *manquement à une obligation préexistante* ». En matière de responsabilité administrative, la faute peut être définie comme « *l'écart entre le comportement de l'Administration et l'obligation qui pesait sur elle* »[205]. L'administration n'agissant que par le biais de personnes physiques, cette faute peut être commise par ces dernières, et être attribuée à leur service (**2**) ou s'en détacher pour se rattacher à leur personne (**1**).

1. La faute personnelle

Selon la célèbre formule de LAFERRIÈRE, la faute personnelle du fonctionnaire est celle qui « *révèle [...] l'homme avec ses faiblesses, ses passions, ses imprudences* »[206]. Il s'agit soit d'une faute dépourvue de tout lien avec le service, relevant ainsi de la vie privée du fonctionnaire ; soit d'une faute qui ayant un lien avec le service, révèle cependant un comportement incompatible avec le service ou la qualité de fonctionnaire. Des auteurs parlent, dans le premier cas de faute « *objectivement personnelle* » et dans le second cas, de faute « *subjectivement personnelle* »[207].

---

[205] DUBOIS (J.-P.), « Responsabilité pour faute », *Rép. resp. puiss. publ. Dalloz*, janvier 2012, n° 142.

[206] Concl. sur T. confl. 5 mai 1877, Laumonnier-Carriol, Lebon 437, cité par DUBOIS (J.-P.), « Faute des agents et responsabilité administrative », *Rép. Resp. Puiss. Publ. Dalloz*, juin 2012, n° 35.

[207] DUBOIS (J.-P.), « Faute des agents et responsabilité administrative », *Rép. resp. puiss. publ. Dalloz*, janvier 2012, n° 64 et 65.

Ainsi, lorsque dans des circonstances qui n'ont aucun rapport avec son service, un agent du ministère public pose un acte d'entrave à une exécution forcée, il commet là une faute « *objectivement personnelle* ». Tel est le cas d'un agent du ministère public pris en sa personne, entre les mains de qui a été pratiquée une saisie attribution et qui refuse de reverser les sommes saisies. Si par contre ce refus venait à présenter un quelconque lien avec les fonctions ou le service du ministère public, il s'agirait plutôt là d'une faute « *subjectivement personnelle* ». C'est notamment le cas lorsqu'il y'a abus de fonctions au sens de l'article 140 du code pénal, surtout si cet abus a été commis dans le but de se procurer ou de procurer à autrui un avantage quelconque[208].

La faute « *objectivement personnelle* » engage uniquement la responsabilité du fonctionnaire[209]. La faute « *subjectivement personnelle* » quant à elle met en cause aussi bien la responsabilité du fonctionnaire que celle de l'État. En effet, la responsabilité de l'État est dans ce cas substituée à celle de son fonctionnaire à l'égard de la victime[210]. Tel n'est cependant pas le cas lorsqu'il s'agit d'une faute relative au service.

---

[208] Il faut cependant se garder de croire que toute infraction pénale du fonctionnaire est une faute personnelle. V. T.C., 14 janvier 1935, arrêt Thépaz, *in* LONG (M.) et autres, *Les grands arrêts de la jurisprudence administrative, op. cit.*, pp. 307-310 ; Lire également DUBOIS (J.-P.), « Faute des agents et responsabilité administrative », article précité.

[209] V. ONDOUA (M.), *Le droit de la responsabilité publique dans les États en développement. Contribution à l'étude de l'originalité des droits africains postcoloniaux*, L'Harmattan, Paris, 2010, p. 784, pp. 795 - 797 et p. 844. DUBOIS (J.-P.), « Faute des agents et responsabilité administrative », article précité, n° 64.

[210] Art. 3 al. 1 de la loi n° 2006/022 fixant l'organisation et le fonctionnement des tribunaux administratifs et article 26 al. 1 du

2. La faute relative au service

L'on distingue la faute de service et la faute du service[211], sans pour autant que cette distinction ait une incidence sur le régime de responsabilité de l'État. La faute de service est celle qui est commise par le fonctionnaire dans l'exécution de son service ou l'accomplissement de ses fonctions. Selon la célèbre formule de LAFERRIÈRE, elle « *révèle un administrateur [...] plus ou moins sujet à erreur* »[212]. La faute du service quant à elle est anonyme et révèle un dysfonctionnement du service public.

Cette distinction issue de la doctrine française n'a cependant pas une grande portée en droit administratif camerounais où la tendance se dessine en faveur de la faute du service[213]. Ainsi, la faute (non personnelle) du ministère public ou d'un agent de celui-ci dans le cadre de l'exécution des titres exécutoires pourrait toujours être qualifiée de faute du service, en étant appréhendée sous l'angle du fonctionnement défectueux du service public du parquet[214]. Cette faute peut ainsi consister en une

---

décret n° 94/199 du 07 octobre 1994 portant statut général de la fonction publique de l'État. V. ONDOUA (M.), *Le droit de la responsabilité publique dans les États en développement. Contribution à l'étude de l'originalité des droits africains postcoloniaux*, *op. cit*, pp. 795 - 797. DUBOIS (J.-P.), « Faute des agents et responsabilité administrative », article précité, n° 65.

211 V. BILONG (S.), *Responsabilité de la puissance publique et compétence du juge en droit camerounais*, thèse, Université de Yaoundé II, 1997/1998, pp.192 et s.

212 Concl. sur T. confl. 5 mai 1877, Laumonnier-Carriol, Lebon 437, cité par DUBOIS (J.-P.), « Faute des agents et responsabilité administrative », article précité, n° 35.

213 V. ONDOUA (M.), *Le droit de la responsabilité publique dans les États en développement. Contribution à l'étude de l'originalité des droits africains postcoloniaux*, *op. cit.*, pp. 573 et s. et pp. 600 - 601.

214 *Ibid*, p. 574

abstention, une omission ou une commission de l'agent du ministère public ; laquelle dans tous les cas établit un manquement du ministère public à sa mission de veiller à l'exécution des titres exécutoires.

La responsabilité pour faute de l'État ainsi présentée constitue le droit commun de la responsabilité administrative. Elle est toutefois concurrencée par la responsabilité sans faute dont la rupture de l'égalité des citoyens devant les charges publiques est un cas spécifique au droit administratif.

B. La rupture de l'égalité des citoyens devant les charges publiques

La responsabilité sans faute de l'État est une création de la jurisprudence administrative dont plusieurs fondements ont été avancés pour la justifier. Il s'agit du risque, de l'anormalité du dommage et de la rupture de l'égalité des citoyens devant les charges publiques[215]. Ce dernier fondement correspond alors à l'hypothèse de responsabilité sans faute de l'État posée à l'article 29 alinéa 3 ci-dessus cité de l'AUPSRVE.

En effet, tout créancier a droit au concours de l'État pour l'exécution de son titre exécutoire. Qu'un créancier ne bénéficie pas de ce concours traduit alors nécessairement une inégalité de traitement qui peut être fautive ou non[216]. Ainsi, il peut arriver que pour des raisons légitimes ou d'intérêt général, telle la préservation de l'ordre public, l'État à travers le ministère public refuse son concours à l'exécution forcée ou s'oppose à

---

215 HENNETTE-VAUCHEZ (S.), « Responsabilité sans faute », *Rép. resp. puiss. publ. Dalloz*, juin 2010, n° s 8 - 13.

216 V. GUINCHARD (S.), CHAINAIS (C.) et FERRAND (F.), *Procédure civile - Droit interne et droit de l'Union européenne*, 32e édition, Dalloz, Paris, 2014, n° 1340.

celle-ci[217]. Dans ce cas, il n'y a certes aucune faute. Mais le créancier privé de la réalisation de son droit subit de ce fait un préjudice au nom de l'intérêt général. Ce préjudice est alors dit spécial, c'est-à-dire individualisé[218] ; et le droit admet ainsi que le créancier en soit indemnisé, car il serait injuste qu'un seul supporte la charge de l'intérêt général.

Il s'agit là d'un cas de responsabilité sans faute de l'État fondé sur la rupture de l'égalité des citoyens devant les charges publiques[219], et qui a été consacré depuis la jurisprudence *Couitéas*[220]. Pour traiter ce type de

---

[217] V. ONDOUA (M.), *Le droit de la responsabilité publique dans les États en développement. Contribution à l'étude de l'originalité des droits africains postcoloniaux*, *op. cit*, pp. 319 - 320.

[218] *Ibid*, pp. 670 - 672.

[219] « *(...) La responsabilité de l'État est susceptible d'être engagée, sur le fondement de l'égalité des citoyens devant les charges publiques, pour assurer la réparation de préjudices nés de conventions conclues (...) avec d'autres États (...) à la condition (...) que le préjudice dont il est demandé réparation, revêtant un caractère grave et spécial, ne puisse, dès lors, être regardé comme une charge incombant normalement aux intéressés* », CE, 6e et 1re sous-sections réunies, 11 février 2011, n° 325253, publié au recueil Lebon. Cette jurisprudence retient la responsabilité de l'État sur le fondement de la rupture de l'égalité des citoyens devant les charges publiques, du fait des conventions diplomatiques signées par l'État et ayant conféré à un débiteur une immunité d'exécution ; empêchant ainsi le créancier de celui-ci d'obtenir l'exécution de son titre exécutoire.

[220] Qui posait que : *« si (...) le gouvernement a le devoir d'apprécier les conditions de [l'] exécution et de refuser le concours de la force armée, tant qu'il estime qu'il y a danger pour l'ordre et la sécurité, le préjudice qui résulte de ce refus ne saurait, s'il excède une certaine durée, être une charge incombant normalement à l'intéressé, et qu'il appartient au juge de déterminer la limité à partir de laquelle il doit être supporté par la collectivité »*, *in* LONG (M.) et autres, *Les grands arrêts de la jurisprudence administrative*, *op. cit.*, p. 260. Sur la responsabilité pour rupture de l'égalité des citoyens devant les charges publiques en droit camerounais, v. BILONG (S.), « L'insaisissable

responsabilité, un auteur propose que l'arrêt ou la suspension de l'exécution forcée pour le motif de risque de troubles à l'ordre public soit assorti de l'obligation pour l'État de désintéresser le créancier. En désintéressant ainsi le créancier, l'État serait subrogé dans les droits de celui-ci, pour poursuivre l'exécution, le moment opportun[221]. Cette proposition séduisante semble toutefois difficile à mettre en œuvre dans un contexte de sous-développement où les dépenses d'indemnisation de l'État sont assez limitées[222].

L'on pourrait également rechercher une responsabilité sans faute de l'État sur ce même fondement de la rupture de l'égalité des citoyens devant les charges publiques dans l'application par le ministère public de la règle de l'opportunité des poursuites pénales. En effet, l'application de cette règle qui porte atteinte au principe d'égalité des citoyens[223] est de nature à causer un préjudice au créancier, en ce qu'elle peut constituer un obstacle à l'exécution forcée. Mais contrairement à la jurisprudence administrative française qui a depuis longtemps battu en brèche la théorie de l'irresponsabilité de l'État législateur, en consacrant la responsabilité de

---

responsabilité sans faute de la puissance publique en droit camerounais », *Annales de la FSJP de l'Université de Dschang*, Tome I, volume 1, 1997, pp. 93.

221 TIMTCHUENG (M.), *Le délai raisonnable en droit processuel camerounais*, thèse précitée, pp. 345 - 346, n° 526.

222 V. : ONDOUA (M.), *Le droit de la responsabilité publique dans les États en développement. Contribution à l'étude de l'originalité des droits africains postcoloniaux*, *op. cit*, pp. 327 et s. ; ONDOUA (M.), *La protection des dépenses d'indemnisation en droit administratif camerounais*, thèse, Université de Yaoundé, 1990.

223 DESPORTES (F.) et LAZERGES-COUSQUER (L.), *Traité de procédure pénale*, *op. cit.*, p. 714.

l'État du fait des lois[224], la jurisprudence administrative camerounaise reste assez réticente à admettre une telle responsabilité de l'État[225].

Les fondements de la responsabilité de l'État ainsi présentés justifient alors la mise en œuvre de cette responsabilité.

Paragraphe II : La mise en œuvre de la responsabilité de l'État

La mise en œuvre de la responsabilité de l'État pour entrave à la réalisation des voies d'exécution OHADA pose essentiellement deux problèmes. D'une part, celui de la compétence juridictionnelle (**A**) et d'autre part, celui de l'indemnisation (**B**).

A. La détermination de la juridiction compétente

La responsabilité d'une personne constitue un contentieux qui doit être porté devant une juridiction. Lorsqu'on évoque la question de juridiction dans le cadre des voies d'exécution OHADA, l'on est immédiatement porté à penser à l'article 49 de l'AUPSRVE. Aux termes de cet article, « *la juridiction compétente pour statuer sur tout litige ou toute demande relative à une mesure d'exécution forcée ou à une saisie conservatoire est le*

---

224 CE, Ass., arrêt du 14 janvier 1938, Société anonyme des produits laitiers « La fleurette », *in* LONG (M.) et autres, *Les grands arrêts de la jurisprudence administrative, op. cit.*, pp. 328 - 334 ; Lire HENNETTE-VAUCHEZ (S.), « Responsabilité sans faute », article précité, n° s 53 - 80.

225 CFJ, Ass. Pl., arrêt n° 4 du 28 octobre 1970, Société des grands travaux de l'Est, *in*, BILONG (S.), *Mémento de la jurisprudence administrative du Cameroun,* 1re éd., Édition les clés, Yaoundé, septembre 2004, pp. 143 - 145 ; v. BILONG (S.), « L'insaisissable responsabilité sans faute de la puissance publique en droit camerounais », article précité, pp. 94 - 95.

président de la juridiction statuant en matière d'urgence ou le magistrat délégué par lui ». D'ailleurs, pour un auteur, « *il est possible de considérer que le créancier qui n'a pas bénéficié de l'assistance de la force publique est tenu de s'adresser à la juridiction instituée par l'article 49 pour obtenir la condamnation de l'État* »[226]. Nous ne partageons pas cette position.

Certes, l'article 49 de l'AUPSRVE pose en des termes généraux[227] la compétence de la juridiction qu'il institue. Mais il nous semble que cette compétence ne s'étend pas pour autant à la responsabilité de l'État qui selon nous, n'est pas un litige relatif à une mesure d'exécution forcée ou à une saisie conservatoire, au sens de l'article 49 ci-dessus. En effet, l'obligation de l'État d'apporter son concours à l'exécution forcée relève d'une mission de

---

[226] BODIAN (Y.), *La situation de l'État dans les procédures civiles d'exécution*, thèse précitée, pp. 431 et s., n° 927.

[227] La loi n° 2007/001 du 19 avril 2007 instituant le juge du contentieux de l'exécution et fixant les conditions de l'exécution au Cameroun des décisions judiciaires et actes publics étrangers ainsi que des sentences arbitrales, pose également en des termes aussi généraux la compétence de ce juge qu'elle institue. Aux termes de l'article 2 de cette loi, « *le juge du contentieux de l'exécution connait : de tout ce qui a trait à l'exécution forcée des décisions de justice et autres actes* ». Cependant, cette loi manifestement contraire à l'article 49 de l'AUPSRVE doit être considérée comme étant abrogée par l'effet de l'article 10 du Traité OHADA et des articles 336 et 337 de l'AUPSRVE. V. ANOUKAHA (F.), « Le juge du contentieux de l'exécution des titres exécutoires : Le législateur camerounais persiste et signe… l'erreur », article précité ; WANDJI KAMGA (A.-D.), *Le droit à l'exécution forcée, réflexion à partir des systèmes juridiques camerounais et français*, thèse précitée, pp. 104 et s. ; NJEUFACK TEMGWA (R.), « Le juge du contentieux de l'exécution : la CCJA désavoue le législateur camerounais et… confirme sa jurisprudence », obs. sous CCJA, arrêt n° 109/2014 du 4 novembre 2014, affaire CHANAS ASSURANCES S.A. c./AGF Cameroun devenue ALLIANZ ASSURANCES S.A., précité.

service public de l'État. Or, il n'appartient pas au juge du contentieux de l'exécution de connaître de la critique de l'État dans l'accomplissement de ses missions de service public. Cette responsabilité ressortit en effet à la compétence des juridictions ordinaires[228]. Il peut s'agir aussi bien de la juridiction administrative que des juridictions de droit commun.

En effet, conformément à l'article 2 alinéas 2 et 3 b de la loi n° 2006/022 du 29 décembre 2006 fixant l'organisation et le fonctionnement des tribunaux administratifs, lequel fait de l'acte administratif un critère du contentieux administratif, la juridiction administrative sera compétente lorsque l'entrave de l'État à la réalisation des voies d'exécution OHADA procède d'un acte administratif[229]. Cette compétence est d'autant plus vraie qu'un tel acte est généralement justifié par le motif de préservation de l'ordre public. Or aux termes de l'article 2 alinéa 3 de la loi ci-dessus, les tribunaux administratifs connaissent également des litiges intéressant les opérations

---

228 Évoquons juste pour le signaler, la compétence subsidiaire de la Com. ADHP sur le fondement d'une interprétation dynamique de l'article 7 de la CADHP, lequel consacre le droit à la justice.

229 Par exemple, une décision interdisant une exécution forcée ou ordonnant son arrêt, notamment pour des raisons d'ordre public. Il ressort en effet du décret n° 2008/377 du 12 novembre 2008 fixant les attributions des chefs de circonscriptions administratives et portant organisation et fonctionnement de leurs services, qu'il appartient à l'autorité administrative de veiller au maintien de l'ordre public dans sa circonscription administrative et de prendre les mesures nécessaires à la préservation de la paix sociale. Si l'autorité administrative estime donc qu'une exécution forcée est de nature à compromettre l'ordre public ou la paix sociale dans sa circonscription administrative, elle peut ordonner son arrêt ou son interdiction. Á cet effet, elle peut prendre une décision portant interdiction ou arrêt de cette exécution forcée. En effet, c'est par arrêté et par décision que l'autorité administrative exerce son pouvoir réglementaire.

de maintien de l'ordre ; l'acte administratif s'analysant comme une opération juridique.

Par contre, lorsque l'entrave de l'État à la réalisation des voies d'exécution OHADA procède simplement d'un fait de son agent, notamment un fait d'un agent du ministère public[230], conformément à l'article 3 alinéa 1 de la loi ci-dessus fixant l'organisation et le fonctionnement des tribunaux administratifs, les juridictions de droit commun seront compétentes pour connaître de la responsabilité de l'État.

Logiquement, la compétence d'une juridiction en première instance vaut compétence des juridictions supérieures du même ordre de juridiction pour connaître des voies de recours[231].

Si l'entrave de l'État à la réalisation des voies d'exécution OHADA à travers un acte administratif relève davantage d'une hypothèse d'école, l'entrave procédant d'un fait d'un agent de l'État est plus courante et alimente d'ailleurs la jurisprudence. L'on cite ainsi l'affaire TRANSAIR c./État du Sénégal et la société EEXIMCO AFRIQUE, objet d'un jugement du 14 juillet 2004 rendu

---

[230] Pour un cas de fait du ministère public entravant la réalisation des voies d'exécution OHADA, v. CCJA, arrêt, n° 027/2008 du 30 avril 2008, affaire Société African Petroleum Consultants dite APC c./État du Cameroun, Ohadata J-09-105.

[231] La Chambre administrative de la Cour suprême connaitra du pourvoi formé contre les décisions rendues en dernier ressort par le tribunal administratif (v. art. 2 al. 2 et art. 89 et s. des lois de 2006 ci-dessus fixant respectivement l'organisation et le fonctionnement des tribunaux administratifs et de la Cour suprême). Les Cours d'appel et la CCJA connaitront respectivement de l'appel interjeté contre le jugement des juridictions d'instance de droit commun et du pourvoi formé contre l'arrêt des Cours d'appel statuant sur cet appel (art. 14 du Traité OHADA).

par le Tribunal régional hors classe de Dakar (Sénégal)[232], et l'affaire Société African Petroleum Consultants dite APC c./État du Cameroun, objet de l'arrêt de la CCJA n° 027/2008 du 30 avril 2008[233].

Dans la première affaire, le Tribunal régional hors classe de Dakar[234] eut à retenir la responsabilité de l'État du Sénégal du fait de l'opposition d'un gendarme à une saisie pratiquée pour le compte de la société TRANSAIR. La seconde affaire par contre se rapproche davantage de l'objet de cette étude en ce qu'elle met en exergue une entrave du ministère public à la réalisation des voies d'exécution OHADA. Il s'agit en effet des parquets généraux près les Cours d'appel du Sud-ouest et du Littoral qui par courrier, avaient demandé à la société SHELL Cameroun, tiers saisi, de surseoir à tout paiement au profit de la société APC, créancier saisissant ; motif pris de ce qu'une procédure pénale était pendante contre cette dernière et son dirigeant. Malheureusement, la CCJA qui avait été directement saisie par la société APC s'était déclarée incompétente au motif que la demanderesse n'avait pas respecté les prescriptions de saisine et de compétence des juridictions chargées du contentieux du droit OHADA. C'était alors là une occasion manquée pour la CCJA de se prononcer sur l'indemnisation du préjudice subi par le créancier du fait de l'entrave de l'État à la réalisation des voies d'exécution OHADA.

---

[232] Ohadata J-06-02.

[233] Ohadata J-09-105.

[234] Il est à noter que la compétence du Tribunal régional hors classe de Dakar s'étend également aux matières civile, commerciale, administrative et fiscale. V. Le cabinet d'avocats Maitres JANDJO et KOÏTA et N'DIAYE Alioune, « L'organisation judiciaire du Sénégal », www.ohada.com. Le jugement ne permet cependant pas de savoir en quelle matière le Tribunal a statué.

B. L'indemnisation du préjudice

L'indemnisation du préjudice résultant de l'entrave de l'État à la réalisation des voies d'exécution OHADA pose d'une part, le problème de la détermination de l'indemnité (**1**) et d'autre part, celui de l'effectivité de cette indemnisation, car l'État bénéficie de l'immunité d'exécution (**2**).

1. La détermination de l'indemnité

Celle-ci dépend de la nature de la responsabilité encourue par l'État. De manière générale dans l'AUPSRVE, les tiers, qu'il s'agisse de l'État ou de toute personne publique ou privée, sont tenus d'apporter leur concours à l'exécution forcée, sous peine d'engager leur responsabilité.

Suivant les articles 29 alinéa 3 et 38 de l'AUPSRVE, on distingue en matière de voies d'exécution OHADA une responsabilité autonome ou ordinaire et une responsabilité de substitution. En effet, en plus de la responsabilité de l'État posée à l'article 29 alinéa 3 ci-dessus cité, l'AUPSRVE prévoit également en son article 38 une autre responsabilité. Aux termes de cet article en effet, « *les tiers ne peuvent faire obstacle aux procédures en vue de l'exécution ou de la conservation des créances. Ils doivent y apporter leur concours lorsqu'ils en sont légalement requis. Tout manquement par eux à ces obligations peut entraîner leur condamnation à verser des dommages-intérêts. Le tiers entre les mains duquel est pratiquée une saisie peut également, et sous les mêmes conditions, être condamné au paiement des causes de la saisie, sauf son recours contre le débiteur* ».

Tandis que la condamnation du tiers au paiement des causes de la saisie renvoie à une responsabilité de substitution, la condamnation de celui-ci au paiement de dommages et intérêts renvoie quant à elle à une responsabilité autonome ou ordinaire. Il est à noter que ces deux types de responsabilités peuvent être cumulés[235].

Dans l'affaire TRANSAIR contre État du Sénégal et la société EEXIMCO ci-dessus citée, le juge sénégalais était également appelé à se prononcer sur le type de responsabilité encourue par l'État pour entrave à l'exécution forcée. La demanderesse avait en effet sollicité du juge la condamnation de l'État du Sénégal au paiement des causes de la saisie. Cette prétention n'avait cependant pas prospéré, car selon le tribunal, « *la responsabilité de l'État résultant de l'article 29 (de l'AUPSRVE) ne constitue pas une responsabilité de substitution, mais plutôt une responsabilité résultant de sa propre faute dans l'exercice de sa mission de service public* ». Cette solution est parfaitement conforme aux dispositions de l'AUPSRVE, desquelles il ressort que la responsabilité de substitution est réservée au « *tiers entre les mains duquel est pratiquée une saisie* »[236].

La responsabilité de l'État pour entrave à l'exécution forcée est donc une responsabilité autonome. De ce fait, le montant de l'indemnité due par l'État devra être fixé par les juges du fond qui à cet effet, apprécieront librement et souverainement le préjudice effectivement subi par le créancier. Il a ainsi pu être jugé en droit français que lorsque le recouvrement d'une créance est définitivement compromis du fait de l'État, l'indemnité due au créancier correspond au montant de cette créance[237]. Le

---

[235] V. CCJA, 2e Chambre, arrêt n° 006/2006 du 30 mars 2006, affaire société INDUS-CHIMIE c./Madame M.R.P. et autres, Ohadata J-07-13.

[236] Art. 38 de l'AUPSRVE.

[237] Dans une affaire où un créancier n'avait pu obtenir l'exécution forcée de son titre exécutoire, du fait des conventions diplomatiques

recouvrement de cette indemnité ne s'annonce cependant pas aisé du fait de l'immunité d'exécution dont bénéficie l'État.

2. L'immunité d'exécution de l'État, un obstacle à l'indemnisation

Aux termes de l'article 30 alinéa 1 de l'AUPSRVE, *« l'exécution forcée et les mesures conservatoires ne sont pas applicables aux personnes qui bénéficient d'une immunité d'exécution »*. L'immunité d'exécution est ainsi un privilège qui permet au bénéficiaire d'échapper à toute mesure d'exécution forcée. Elle joue aussi bien en droit international qu'en droit interne, et bénéficie principalement à l'État[238]. Si l'on ne peut absolument nier le bien-fondé de ce privilège de l'État, l'on doit par ailleurs reconnaître qu'il est de nature à remettre en cause les obligations de celui-ci. Que vaut en effet l'obligation de l'État d'apporter son concours à l'exécution forcée s'il ne peut être contraint par la sanction de sa violation ?

L'article 30 alinéa 2 de l'AUPSRVE offre cependant un espoir aux créanciers de l'État, à travers la compensation qu'il institue. Aux termes de cet article, *« (...) les dettes certaines, liquides et exigibles des personnes morales de droit public ou des entreprises publiques, quelles qu'en soient la forme et la mission, donnent lieu à compensation avec les dettes également*

---

signées par l'État, lesquelles accordaient au débiteur une immunité d'exécution, le Conseil d'État avait eu alors jugé que : « *Considérant qu'il sera fait une juste appréciation du montant des indemnités dues à Mlle C... en condamnant l'État à lui verser les sommes qui lui avaient été accordées par la cour d'appel de Paris* ». CE, 6e et 1re sous-sections réunies, 11 février 2011, n° 325253, publié au recueil Lebon.

238 V. KENFACK DOUAJNI (G.), « L'exécution forcée contre les personnes morales de droit public », *Ohadata D-02-28*, p. 3.

certaines, liquides et exigibles dont quiconque sera tenu envers elles, sous réserve de réciprocité ». Il s'agit là d'une avancée notable par rapport au droit positif antérieur des États de l'OHADA, qui ne connaissait pas un tel mécanisme de compensation[239]. Désormais donc, les créanciers de l'État peuvent davantage espérer être « payés ».

Ils peuvent d'autant plus espérer être payés qu'ils disposent d'autres moyens juridiques de pression contre les autorités publiques. Il s'agit particulièrement de l'*order of mandamous*[240] et de l'infraction de refus d'exécuter une décision de justice devenue définitive[241]. Cependant, la mise en œuvre de cette infraction contre les autorités publiques pourrait ne pas être aisée. En effet, d'une part certaines autorités publiques bénéficient d'une immunité de poursuite. D'autre part, il pourrait se poser le problème de l'identification de l'autorité publique à poursuivre, lorsque le refus d'exécuter est silencieux[242] ou encore lorsque l'exécution fait appel à plusieurs administrations.

Quoi qu'il en soit, l'agent du ministère public auteur de la faute ayant entravé la réalisation des voies d'exécution

---

[239] Lire ASSONTSA (R.) et ZEUMO NGUENANG (M.), « Pédalage ou rétropédalage du législateur africain… notes sans rigueur aucune autour de la compensation en droit OHADA de l'exécution forcée », *RTSJ*, 2014, pp. 140 - 150.

[240] V. art. 18 alinéa 1c de la loi n° 2006/015 du 29 décembre 2006 portant organisation judiciaire au Cameroun.

[241] Article 181-1 du CP. V. TIMTCHUENG (M.), « L'immunité d'exécution des personnes morales publiques au Cameroun », Conférence de Master II en droit, Université de Dschang, année académique 2015 - 2016, pp. 10 et s.

[242] ONDOUA (M.), *Le droit de la responsabilité publique dans les États en développement. Contribution à l'étude de l'originalité des droits africains postcoloniaux*, *op. cit.*, p. 324.

OHADA pourrait en dernier lieu assumer les conséquences de cette faute.

SECTION II. LA RESPONSABILITÉ DES AGENTS DU MINISTÈRE PUBLIC À TITRE SUBSIDIAIRE[243]

Les agents du ministère public sont des fonctionnaires de l'État[244]. À ce titre, leur responsabilité à l'égard de l'État peut être engagée pour les fautes commises dans l'exercice ou à l'occasion de leurs fonctions **(paragraphe I)**. Cela n'exclut cependant pas leur responsabilité à l'égard de la société pour ces mêmes fautes **(paragraphe II).**

Paragraphe I : La responsabilité des agents du ministère public à l'égard de l'État

L'État dispose de pouvoirs sur ses fonctionnaires. Ces pouvoirs se manifestent entre autres, tant par l'action

---

[243] Pour une vue générale de la protection du fonctionnaire en droit camerounais, v. BILONG (S.), « Le juge judiciaire et la protection civile des fonctionnaires en droit camerounais », *RJP*, n° 2, mai - août 2001, pp. 195-206 ; le même auteur, « Bilan de la protection civile des fonctionnaires devant le juge au Cameroun », *in* FOMETHE (A.) (dir.), *Cinquantenaire de l'indépendance et de la réunification du Cameroun, bilan, enjeux et perspectives,* Actes du Colloque de Dschang - 10 au 12 mai 2010, pp. 335 - 360.

[244]Au Cameroun, le statut des fonctionnaires est fixé par le décret n° 94/199 du 07 octobre 1994 portant statut général de la fonction publique de l'État. Les magistrats font cependant l'objet d'un statut particulier fixé par le décret n° 95/048 du 8 mars 1995 portant statut de la magistrature, modifié par le décret n° 2004/080 du 13 avril 2004. Le statut général de la fonction publique leur reste toutefois applicable en cas de silence ou de vide juridique de leur statut particulier. V. art. 10 al. 2 décret portant statut général de la fonction publique de l'État, et art. 2 al. 3 du décret portant statut de la magistrature.

récursoire **(A)** que par le pouvoir disciplinaire **(B)** qu'il peut exercer contre ceux-ci.

A. L'action récursoire de l'État contre les agents du ministère public

L'action récursoire est la technique juridique qui permet à une personne qui a exécuté une obligation dont une autre était tenue d'obtenir de celle-ci le remboursement de ce qu'elle a payé. Il s'agit ici pour l'État d'obtenir le remboursement de ce qu'il a payé pour réparer le préjudice causé par la faute de son fonctionnaire. Cette action repose au Cameroun sur un fondement juridique bien établi (**1**) et sa mise en œuvre est organisée par un texte particulier (**2**).

1. Le fondement juridique de l'action récursoire de l'État en droit camerounais

Sur le plan textuel, l'action récursoire de l'État contre ses fonctionnaires trouve son fondement dans l'article 26 alinéa 1 du statut général de la fonction publique de l'État. Aux termes de cet article, « *la responsabilité civile de l'État se substitue de plein droit à celle du fonctionnaire condamné pour faute personnelle commise contre un tiers dans l'exercice ou à l'occasion de l'exercice de ses fonctions. Dans ce cas, l'État dispose d'une action récursoire à l'encontre du mis en cause suivant les modalités fixées par arrêté du ministre chargé de la Fonction publique* »[245].

Cependant, c'est à la jurisprudence administrative que revient incontestablement le mérite de la consécration de l'action récursoire en droit camerounais. En effet, dans

[245] Cette disposition est applicable au statut des magistrats. V. note précédente.

l'affaire ESSINDI ESSAMA[246], le juge administratif posait clairement que « *la puissance publique doit supporter intégralement les conséquences dommageables de l'accident, sauf son recours contre le conducteur de la voiture (lequel était un agent de la puissance publique) pour autant que ledit accident engage la responsabilité personnelle du conducteur* »[247].

Il ressort alors de ce qui précède que ce n'est qu'en cas de faute personnelle du fonctionnaire que l'État peut mettre en œuvre l'action récursoire.

2. La mise en œuvre de l'action récursoire de l'État en droit camerounais

Les modalités d'exercice de l'action récursoire sont fixées au Cameroun par l'arrêté n° 0006437/CAB/MFPRA du 21 septembre 2000. Il ressort en effet de ce texte que l'action récursoire a dans ce pays une nature totalement administrative ; elle ne prend donc pas la forme d'une action en justice.

Il s'agit en effet pour l'État d'émettre à l'encontre du fonctionnaire mis en cause, un ordre de recettes qui emporte retenue sur la solde de ce dernier[248]. Il appartient au ministre utilisateur de ce fonctionnaire d'apprécier le degré de responsabilité de celui-ci, et de déterminer la fraction des dommages qui devra lui être imputée. Après

---

[246] CCA/CAY, arrêt n° 370 du 3 septembre 1955, ESSINDI ESSAMA c./Administration du territoire, *in* BILONG (S.), *Mémento de la jurisprudence administrative du Cameroun, op. cit.*, pp. 39 - 43.
[247] V. ONDOUA (M.), *Le droit de la responsabilité publique dans les États en développement. Contribution à l'étude de l'originalité des droits africains postcoloniaux, op. cit.*, pp. 846 - 850, spéc. P.848.
[248] Art. 3 de l'arrêté n° 0006437/CAB/MFPRA du 21 septembre 2000 fixant les modalités de l'exercice de l'action récursoire.

accomplissement de cette tâche, le ministre utilisateur saisit pour exécution le ministre chargé de la solde[249].

Le fonctionnaire contre qui est ainsi exercée une action récursoire peut cependant saisir la juridiction administrative pour contester l'ordre de recettes émis à son encontre[250]. Cependant, l'on note toutefois qu'en pratique, les hypothèses où l'État exerce une action récursoire contre ses fonctionnaires sont assez rares[251].

Quoi qu'il en soit, l'action récursoire n'a aucune incidence sur une éventuelle responsabilité disciplinaire du fonctionnaire[252].

B. La responsabilité disciplinaire des agents du ministère public

L'action disciplinaire contre les magistrats du ministère public est régie par le décret n° 95/048 du 8 mars 1995 portant statut de la magistrature[253]. Elle est mise en œuvre par le ministre de la Justice en cas de faute disciplinaire de ces magistrats. Aux termes de l'article 46 du décret ci-dessus, constitue une faute disciplinaire imputable à un magistrat :

---

[249] Art. 4 de l'arrêté ci-dessus.

[250] Art. 5 de l'arrêté ci-dessus.

[251] V. ONDOUA (M.), *Le droit de la responsabilité publique dans les États en développement. Contribution à l'étude de l'originalité des droits africains postcoloniaux*, *op. cit.*, pp. 860 et s. V. également, Le dossier du participant de la conférence annuelle des responsables des services centraux et extérieurs, et séminaires régionaux relatifs à la vulgarisation et à la promotion des droits et obligations des agents publics, mai 2010, p. 17.

[252] Art. 6 de l'arrêté ci-dessus et art. 26 al.3 du décret ci-dessus cité portant statut général de la fonction publique de l'État.

[253] Art. 52 à 61 dudit décret.

- tout acte contraire au serment du magistrat[254] ;
- tout manquement à l'honneur, à la dignité et aux bonnes mœurs ;
- tout manquement aux devoirs de son état ;
- tout manquement résultant de l'insuffisance professionnelle ;

Ainsi donc, tout acte ou manquement d'un magistrat du ministère public entravant la réalisation des voies d'exécution OHADA peut engager la responsabilité disciplinaire de ce magistrat dès lors que cet acte ou ce manquement caractérise une faute disciplinaire. L'instance compétente pour connaître de cette responsabilité est la commission permanente de discipline instituée au ministère de la Justice et qui se réunit à la Cour suprême[255]. Cette commission n'émet cependant qu'un avis sur la suite à réserver aux faits. Cet avis ainsi que l'ensemble du dossier disciplinaire du magistrat mis en cause est transmis au président de la République par le ministre de la justice, assorti de ses propositions motivées[256]. Le président de la République décide alors par décret de la sanction à intervenir[257]. Suivant la gravité de la faute, cette sanction peut être :

---

[254] La formule du serment de magistrat prévue à l'article 43 du statut ci-dessus est la suivante : « *Moi ………………, je jure devant Dieu et devant les hommes de servir honnêtement le peuple de la République du Cameroun en ma qualité de magistrat, de rendre justice avec impartialité à toute personne, conformément aux lois, règlements et coutumes du peuple camerounais, sans crainte ni faveur, ni rancune, de garder le secret des délibérations et de me conduire en tout, partout et toujours en digne et loyal magistrat* ».

[255] Art. 52 et 53 du décret portant statut de la magistrature.

[256] Art. 59 du décret ci-dessus

[257] Art. 60 al.1 du décret ci-dessus.

- la radiation du tableau d'avancement ;
- le retard à l'avancement d'échelon pour une durée maximum de deux ans ;
- l'abaissement d'un ou plusieurs échelons ;
- le retrait de la fonction ;
- la rétrogradation d'un groupe ou d'un grade ;
- l'exclusion temporaire du service pour une durée maximum de six (6) mois ;
- la révocation sans suspension ou déchéance de droits à pension ;
- la révocation avec suspension ou déchéance de droits à pension ;

Cette sanction peut également être un avertissement ou une réprimande, prononcé par arrêté du président de la République ou du ministre de la Justice[258]. Le magistrat ainsi disciplinairement sanctionné, sauf cas de révocation, peut être réhabilité de plein droit à l'expiration d'un certain délai qui varie en fonction des sanctions ; à condition qu'il n'ait été l'objet d'aucune autre sanction dans l'intervalle de ce délai[259].

La responsabilité disciplinaire des agents du ministère public ainsi mise en œuvre ne fait pas obstacle à leur responsabilité tant sur le plan pénal que sur le plan civil[260].

Paragraphe II : La responsabilité des agents du ministère public à l'égard de la société et du créancier

Les entraves du ministère public à la réalisation des voies d'exécution OHADA peuvent constituer une

---

[258] Art. 47 al. 2 du décret ci-dessus.

[259] Art. 63 du décret ci-dessus.

[260] KUATE TAMEGHE (S. S.), *La justice, ses métiers, ses procédures, op. cit.*, p. 470.

infraction pénale. Dans ce cas, la responsabilité pénale de l'agent du ministère public auteur de cette infraction peut être engagée (**A**). De même, la responsabilité civile de ce dernier peut de ce fait également être engagée à l'égard du créancier (**B**).

A. La responsabilité pénale des agents du ministère public

L'acte ou le fait d'un agent du ministère public entravant la réalisation des voies d'exécution OHADA peut constituer une infraction pénale. Dans ce cas, la responsabilité pénale de cet agent peut être engagée. Une hypothèse assez plausible est celle d'un abus de fonctions. En effet, aux termes de l'article 140 du Code pénal, « *(1) est puni d'un emprisonnement de un (01) à trois (03) ans et d'une amende de cinq mille (5000) à cinquante mille (50 000) francs, ou de l'une de ces deux peines seulement, tout fonctionnaire ou agent public étranger qui, abusant de ses fonctions, porte atteinte aux droits ou intérêts privés. (2) Si l'infraction est commise dans le but de se procurer ou de procurer à autrui un avantage quelconque, la peine d'emprisonnement est de deux (02) à dix (10) ans et l'amende de cinquante mille (50 000) à un million (1 000 000) de francs* ».

Il peut alors s'agir pour un magistrat du ministère public d'abuser de ses fonctions pour entraver la réalisation des voies d'exécution OHADA ; portant ainsi atteinte aux droits et intérêts du créancier. Cette infraction pourrait avoir été commise pour procurer au débiteur, lequel peut être le magistrat infracteur ou un tiers, un avantage quelconque. Cette situation constitue alors une circonstance aggravante de l'infraction.

La responsabilité pénale du magistrat infracteur sera ainsi mise en œuvre conformément au droit commun, à la seule exception que les magistrats bénéficient d'un privilège de juridiction[261]. Ce privilège ne joue cependant pas en matière civile, sauf cas de jonction des actions pénale et civile.

B. La responsabilité civile des agents du ministère public

Aux termes de l'article 1382 du Code civil, « *tout fait quelconque de l'homme, qui cause à autrui un dommage, oblige celui par la faute duquel il est arrivé, à le réparer* ». Ainsi, la faute personnelle d'un agent du ministère public qui aurait pour conséquence d'entraver la réalisation des voies d'exécution OHADA pourrait engager la responsabilité civile de cet agent à l'égard du créancier. Si cette faute constitue également une infraction pénale, l'action civile pourra être jointe à l'action pénale[262] ou alors, être exercée séparément de celle-ci.

L'agent du ministère public mis en cause bénéficiera toutefois de la protection de l'État[263]. En effet, la responsabilité de l'État sera substituée à celle de cet agent.

* *
*

[261] Art. 629 du CPP.

[262] Art. 61 du CPP. V. également AMBROISE-CASTÉROT (C.), « Action civile », *rép. pén. Dalloz*, septembre 2012.

[263] V. BILONG (S.), « Le juge judiciaire et la protection civile des fonctionnaires en droit camerounais », article précité, pp. 195 - 206 ; BILONG (S.), « Bilan de la protection civile des fonctionnaires devant le juge au Cameroun », *in* FOMETHE (A.) (dir.), *Cinquantenaire de l'indépendance et de la réunification du Cameroun, bilan, enjeux et perspectives, op. cit.*, pp. 335 - 360.

Les entraves du ministère public à la réalisation des voies d'exécution OHADA sont sanctionnées par une responsabilité qui incombe à titre principal à l'État, directement ou indirectement à travers la substitution de la responsabilité de l'État à celle de l'agent du ministère public fautif. L'État dispose cependant d'un recours contre cet agent, afin qu'il assume en dernier lieu les conséquences pécuniaires de sa faute, tout comme il en assume personnellement les conséquences pénale et disciplinaire qui peuvent en résulter. La responsabilité du fait des entraves du ministère public à la réalisation des voies d'exécution OHADA peut également exister en l'absence de toute faute, sur la base de la rupture de l'égalité des citoyens devant les charges publiques. La mise en œuvre de cette responsabilité appelle alors à la compétence des juridictions administrative et judiciaire, lesquelles ont ainsi la charge de statuer sur l'indemnisation du préjudice subi par le créancier. Cette indemnisation est toutefois éprouvée par l'immunité d'exécution dont bénéficie l'État.

CONCLUSION DE LA SECONDE PARTIE

Pour l'accomplissement de ses missions, le ministère public dispose d'un statut et de prérogatives. Ce statut est marqué par la question de l'indépendance du ministère public, et tantôt cette indépendance fait défaut, tantôt elle est acquise. Dans les deux cas, l'on note un risque pour la réalisation des voies d'exécution OHADA. Ce risque subsiste également dans l'exercice de certaines prérogatives du ministère public à l'instar du maintien de l'ordre public et des différents pouvoirs qu'il dispose à l'égard de l'huissier. Mais parce que le recouvrement des créances en droit OHADA se veut être un résultat à atteindre à travers les différentes mesures d'exécution forcée prévues par l'AUPSRVE, toute entrave à l'atteinte de ce résultat est nécessairement sanctionnée. Ainsi, les entraves du ministère public à la réalisation des voies d'exécution OHADA donnent lieu à une responsabilité qui incombe principalement à l'État et subsidiairement à l'agent du ministère public à qui cette entrave est imputable.

CONCLUSION GÉNÉRALE

« *Le droit ne cesse d'évoluer dans un monde qui change. (...) On ne peut alors se contenter de ce que l'on connaît fort bien en droit positif et qui risque de ne pas suffire pour répondre à de nouvelles situations et à de nouveaux besoins. Il faut donc tenter (...) d'imaginer des solutions nouvelles, d'anticiper sur un droit en perpétuel devenir (...)* »[264]. C'est sur cette idée que s'est inscrite la présente étude sur le ministère public et les voies d'exécution en droit OHADA, en ce qu'elle tente de proposer des analyses et des solutions nouvelles relativement à l'objet de cette étude.

L'étude du ministère public et les voies d'exécution en droit OHADA se pose en effet comme une équation mathématique. Ne figurant pas dans l'AUPSRVE, le ministère public, parent pauvre de la réforme OHADA des voies d'exécution, est ainsi considéré comme l'inconnue de l'équation. Mais à l'analyse, l'on découvre au final celui-ci dans le processus des voies d'exécution OHADA ; tantôt pour apporter son concours à la réalisation de ce processus, tantôt pour entraver celle-ci.

En effet, le droit national, duquel relève le ministère public, donne à cette institution une ouverture sur les voies d'exécution à travers la mission de veiller à l'exécution des titres exécutoires qu'il lui confie. L'exécution forcée de ces titres étant alors l'objet des voies d'exécution

[264] BERGEL (J.-L.), « Á la recherche des concepts émergents en droit », *Recueil Dalloz*, 2012, p. 1567.

OHADA, le ministère public est ainsi appelé à apporter son concours à la réalisation de ces dernières. Ce concours s'effectue à travers diverses matières où le ministère public joue un rôle certain, et la réalisation des voies d'exécution OHADA dépend parfois de ce rôle du ministère public. Cet état de choses peut se vérifier aussi bien en matière répressive, domaine de prédilection du ministère public, qu'en matière non répressive où ce dernier est souvent appelé à intervenir dans le processus judiciaire.

Mais le concours du ministère public à la réalisation des voies d'exécution OHADA tel qu'il peut se manifester en l'état actuel des choses est loin d'avoir atteint son point d'orgue. Des perspectives en vue de l'extension du domaine de ce concours ont alors été explorées. Ces perspectives se rapportent à la communication au ministère public des causes relatives aux voies d'exécution OHADA et à une rénovation de cette institution en droit OHADA, à travers la création d'un parquet auprès de la CCJA et l'attribution au ministère public d'une mission de recherche d'informations en vue de l'exécution forcée.

Cette extension du domaine du concours du ministère public à la réalisation des voies d'exécution OHADA ne doit toutefois pas se faire au point d'oublier que le ministère public peut également entraver cette réalisation. Cette entrave peut découler d'une part, de son statut ambigu qui ne sied pas toujours à la recherche de la justice. Et d'autre part, de ses prérogatives, tant en matière de maintien de l'ordre public qu'à l'égard de l'huissier. L'exercice de ces prérogatives est alors susceptible de compromettre la réalisation des voies d'exécution OHADA. Cependant, cette compromission n'est pas sans conséquence, car elle est susceptible d'entraîner principalement la responsabilité de l'État dont le ministère public est un agent, et subsidiairement celle de l'agent du ministère public à qui elle est imputable.

La question du ministère public et les voies d'exécution ainsi abordée est étroitement liée à celle de l'État et les voies d'exécution. L'on sait alors qu'en vertu de l'article 29 de l'AUPSRVE, l'État est tenu d'apporter son concours à l'exécution forcée, sous peine d'engager sa responsabilité. Cependant, en apportant son concours à l'exécution forcée, l'État pourrait par-là contribuer à causer un préjudice au débiteur contre qui l'exécution forcée est dirigée. C'est le cas notamment lorsqu'a été ultérieurement modifié le titre exécutoire en vertu duquel l'exécution forcée avait été poursuivie avec le concours de l'État. Ne pourrait-on pas alors entrevoir dans ce cas, une responsabilité sans faute de l'État, fondée sur sa seule participation à l'exécution forcée, notamment lorsque le créancier initial est devenu insolvable ?

Ainsi, à côté de la responsabilité de l'État pour défaut de son concours ou entrave à l'exécution forcée, on pourrait également avoir une responsabilité de l'État du fait de son concours à l'exécution forcée. Ce serait peut-être là encore, une marque de ce que « *le droit ne cesse d'évoluer dans un monde qui change* ».

BIBLIOGRAPHIE

I- OUVRAGES

1. BILONG (S.), *Mémento de la jurisprudence administrative du Cameroun*, 1re éd., Édition les clés, Yaoundé, septembre 2004.
2. BRENER (C.), *Procédures civiles d'exécution, Cours,* 8e éd., Dalloz, Paris, 2015.
3. CARBONNIER (J.), *Flexible droit, Pour une sociologie du droit sans rigueur*, 10e éd., LGDJ, Paris, 2001.
4. CORNU (G.) (dir.), *Vocabulaire juridique*, dernière éd. mise à jour, PUF, Paris, 2012.
5. DESPORTES (F.) et LAZERGES-COUSQUER (L.), *Traité de procédure pénale*, Economica, Paris, 2009.
6. EYIKE-VIEUX, *L'application du droit OHADA par les juridictions camerounaises. Le cas des juridictions de Douala,* PUA, Yaoundé, 2017.
7. GUINCHARD (S.), CHAINAIS (C.) et FERRAND (F.), *Procédure civile - Droit interne et droit de l'Union européenne*, 32e édition, Dalloz, Paris, 2014.
8. ISSA-SAYEGH (J.) et LOHOUES-OBLE (J.), *OHADA, Harmonisation du droit des affaires*, Bruylant, Bruxelles, 2002.
9. KAMTO (M.) (dir.), *La Charte africaine des droits de l'homme et des peuples et le protocole y relatif portant création de la Cour africaine des droits de*

l'homme, commentaire par article, Éditions Bruylant, Bruxelles, 2011.

KUATE TAMEGHE (S. S.),

10. *La protection du débiteur dans les procédures individuelles d'exécution*, L'Harmattan, Paris, 2004.

11. *La justice, ses métiers, ses procédures,* L'Harmattan, Paris, 2016.

12. LEBORGNE (A.), *Droit de l'exécution, voies d'exécution et procédures de distribution*, 2e éd., Dalloz, Paris, 2014.

13. MAH (E. P.), *La profession d'huissier de justice au Cameroun francophone*, L'Harmattan, Paris, 2014.

14. MPINDA (F. A.), *Le procureur de la République au Cameroun*, PUA, Yaoundé, 2016.

15. NDJERE (E.), *Le ministère public ou Parquet*, Tomes I et II, PUCAC, Yaoundé, 2012

16. ONANA ETOUNDI (F.), *OHADA, Grandes tendances jurisprudentielles de la CCJA en matière d'interprétation et d'application du droit OHADA (1997-2010) (près de 300 décisions et avis annotés et commentés par thème)*, édition spéciale, octobre 2011.

17. ONDOUA (M.), *Le droit de la responsabilité publique dans les États en développement. Contribution à l'étude de l'originalité des droits africains postcoloniaux*, L'Harmattan, Paris, 2010

18. POUGOUE (P.-G.) et KALIEU ELONGO (Y. R.), *Introduction critique à l'OHADA*, P.U.A, Yaoundé, 2008.

19. POUGOUE (P.-G.) et TEPPI KOLLOKO (F.), *La saisie immobilière dans l'espace OHADA*, 3e éd., PUA, Yaoundé, 2016.

20. SOCKENG (R.), *Les institutions judiciaires au Cameroun*, 4e éd., MACACOS, 2005.

II-THÈSES ET MÉMOIRES

1. ASSONTSA (R.), *Le juge et les voies d'exécution depuis la réforme de l'OHADA*, thèse, Universités de Dschang et de Strasbourg, 2009.
2. BARRA (C.), *Les limites des voies d'exécution eu égard à la protection des données personnelles*, mémoire Master II, Faculté de Droit et Science politique d'AIX Marseille III, 2008.
3. BILONG (S.), *Responsabilité de la puissance publique et compétence du juge en droit camerounais*, thèse, Université de Yaoundé II, 1997/1998.
4. BODIAN (Y.), *La situation de l'État dans les procédures civiles d'exécution,* thèse, Université Cheikh Anta Diop de Dakar, janvier 2012.
5. MOHO FOPA (E.-A.), *L'ordre public en droit commercial de l'OHADA*, thèse, Université de Dschang, 2014.
6. NJOYA NJUMOU (M.), *Le rôle du ministère public en droit camerounais*, Mémoire de DEA en droit privé fondamental, Université de Yaoundé II, 2006.
7. ONDOUA (M.), *La protection des dépenses d'indemnisation en droit administratif camerounais*, thèse, Université de Yaoundé, 1990.
8. TECHIOTSOP (C.), *Le système juridictionnel de l'OHADA, étude à la lumière de la justice interne et de l'Union européenne*, thèse, Université de Dschang, 2016.
9. TIMTCHUENG (M.), *Le délai raisonnable en droit processuel camerounais*, thèse, Université CHEIKH ANTA DIOP de DAKAR, 2013.
10. WANDJI KAMGA (A.-D.), *Le droit à l'exécution forcée, réflexion à partir des systèmes juridiques camerounais et français*, thèse, Universités de Yaoundé II et de Limoges, 2009.

III- ARTICLES DE DOCTRINE

1. ABARCHI (D.), « La supranationalité de l'Organisation pour l'Harmonisation en Afrique du Droit des Affaires (OHADA) », Ohadata D-02-02.
2. ANOUKAHA (F.), « L'OHADA en marche », *Annales de la FSJP de l'Université de Dschang*, Tome 6, numéro spécial, droit OHADA – CIMA, PUA, 2002, pp. 7 – 22, Ohadata D-04-36.
3. AQUEREBURU (A. C.), « L'État justiciable de droit commun dans le traité OHADA », *Penant*, n° 865, oct. - déc. 2008, pp. 48 - 54.
4. ASSONTSA (R.), « Un virus en pleine expansion contre le droit d'accès à la justice civile au Cameroun : la consignation », *JP* n° 81, janv. - févr. - mars, pp. 111 - 121.
5. ASSONTSA (R.) et ZEUMO NGUENANG (M.), « Pédalage ou rétropédalage du législateur africain… notes sans rigueur aucune autour de la compensation en droit OHADA de l'exécution forcée », *RTSJ*, 2014 pp. 140 -150.
6. BEN HADJ YAHIA (S.), « Récusation et renvoi », *Rép. pr. civ. Dalloz*, juin 2012.
7. BETOULLE (J.), « Magistrat », *Rép. pr. civ. Dalloz*, septembre 2011.
8. BIKOE (M.), « L'ordre public et l'exercice des libertés publiques en droit camerounais », *Cahiers Juridiques et Politiques (Revue de la FSJP de l'Université de N'gaoundéré)*, numéro spécial : l'ordre public, 2015, pp. 109 -138.

   BILONG (S.),
9. « L'insaisissable responsabilité sans faute de la puissance publique en droit camerounais », *Annales*

de la FSJP de l'Université de Dschang, Tome I, volume 1, 1997, pp. 87 - 101.

10. « Le juge judiciaire et la protection civile des fonctionnaires en droit camerounais », *RJP* n° 2, mai - août 2001, pp. 195 - 206.

11. « Bilan de la protection civile des fonctionnaires devant le juge au Cameroun », *in* FOMETHE (A.) (dir.), *Cinquantenaire de l'indépendance de la réunification du Cameroun, bilan, enjeux et perspectives*, Actes du Colloque de Dschang, 10 au 12 mai 2010, pp. 335 - 360.

12. BOUMAKANI (B.), « Les juridictions communautaires en Afrique francophone : La cour commune de justice et d'arbitrage de l'O.H.A.D.A., les cours de justice de l'U.E.M.O.A. et de la C.E.M.A.C », *Annales de la FSJP de l'Université de Dschang*, Tome 3, 1999, pp. 67 - 86

CASAL (N.),

13. « Ministère public », *JCl.V. E.*, Fasc. 310, 8 octobre 2014.

14. « Concours de la force publique », *JCl.V. E*, 14 mars 2014.

15. DEFOSSEZ (M.), « Titre exécutoire », *JCl.V. E*, Fasc. 345, 15 octobre 2015.

16. DJONGA (P.), « La protection de l'ordre public en procédures civiles d'exécution », *Cahiers Juridiques et Politiques (Revue de la FSJP de l'Université de N'Gaoundéré)*, numéro spécial : ordre public, 2015, pp. 257-282.

17. DIALLO (B.), « La Cour Commune de Justice et d'Arbitrage (CCJA) et le contentieux des Actes uniformes », *Penant n° 850*, pp. 22 - 40.

18. DIEDHIOU (P.), « L'article 10 du Traité OHADA : quelle portée abrogatoire et supranationale », *Ohadata* D-08-05

19. DRAGO (R.), « Responsabilité (principes généraux de la) », *Rép. resp. puiss. publ. Dalloz*, mai 2004.

DUBOIS (J.-P.),

20. « Responsabilité pour faute », *Rép. Resp. Puiss. Pub. Dalloz*, janvier 2012.

21. « Faute des agents et responsabilité administrative », *Rép. Resp. Puiss. Publ. Dalloz,* juin 2012.

22. FALLETI (F.), « Le nouvel espace international du Ministère public », *in Une certaine idée du droit*, Mélanges offertes à André DECOCQ, Édition du Juris-Classeur, Paris, 2004, pp. 219 - 228.

23. FOMETEU (J.), « Théorie générale des voies d'exécution OHADA », *in* POUGOUE (P.-G.) (dir.), *Encyclopédie du droit OHADA*, Lamy, Paris, 2011, pp. 2057 - 2086.

24. HENNETTE-VAUCHEZ (S.), « Responsabilité sans faute », *Rép. resp. puiss. publ. Dalloz,* juin 2010.

25. HOURQUEBIE (F.), « L'indépendance de la justice dans les pays francophones », *Les cahiers de la justice*, 2012/2, pp. 41 - 60.

26. ISSA SAYEGH (J.), « Réflexions et suggestions sur la mise en conformité du droit interne des États Parties avec les actes uniformes de l'OHADA et réciproquement », *Ohadata* D - 04 - 12

27. KALIEU ELONGO (Y. R.), « L'organisation judiciaire du Cameroun », *www.ohada.com*

28. KAMGA (J.), « Réflexions « concrètes » sur les aspects judiciaires de l'attractivité économique du système juridique de l'OHADA », *Ohadata* D-12-85.

29. KAMTO (M.) et GUIMDO (B. R.), « Le silence de l'administration en droit administratif camerounais », LEX LATA, n° 005, 15 déc. 1994, pp. 10 - 14.

30. KENFACK DOUAJNI (G.), « L'exécution forcée contre les personnes morales de droit public », *Ohadata* D-02-28.

KITIO (E.),

31. « Le Ministère public en droit OHADA : une institution controversée ? (étude à la lumière de la législation camerounaise) », *JP* n° 97, janv. - fév. - mars 2014, pp. 111 - 122.

32. « Le contentieux du droit pénal des affaires devant les hautes juridictions nationales et devant la CCJA », *JP* n° 94, avril - mai - juin 2013, pp. 67 - 78.

33. MAIDAGI (M.), « Le défi de l'exécution des décisions de justice en droit OHADA », *Ohadata* D-06-51.

34. MARTIN (R.), « Faut-il supprimer le ministère public ? (devant les juridictions civiles et administratives) », *RTD civ.*, oct. - déc. 1998, pp. 873 - 878.

35. MEYER (P.), « La sécurité juridique et judiciaire dans l'espace OHADA », *Penant* n° 855, pp. 151 - 175 ; Ohadata, D-06-50.

36. MONIOLLE (C.), « Actions en garantie (actions récursoires et actions subrogatoires) », *Rép. resp. puiss. publ. Dalloz*, avril 2007

NDAM (I.),

37. « L'indépendance de la cour commune de justice et d'arbitrage : un nécessaire affermissement », *Penant* n° 888, pp. 303 - 335.

38. « La coordination de souverainetés dans l'espace OHADA », *Penant* n° 878, pp. 53 - 89

39. OMAM (F.), « Le rôle de l'Huissier en matière d'exécution des décisions de justice depuis l'Acte uniforme relatif aux mesures de recouvrement forcées et aux voies d'exécution », *RCDA*, n° 4, juill. - sept. 2000, pp. 9 et s.

40. TAGNE (R.), « La Cour suprême du Cameroun en conflit avec la Cour Commune de Justice et d'arbitrage », *JP* n° 62, avril - mai - juin 2005, pp. 104 - 110.

41. TCHAKOUA (J.-M.), « La considération de l'intérêt social et de la paix publique en matière de poursuite : conjonctures autour de l'article 64 du Code de procédure pénale », *in* TCHAKOUA (J. M.) (dir.), *Les tendances de la nouvelle procédure pénale camerounaise*, Vol.1, PUA, Yaoundé, 2007, pp. 81-104.

42. TCHANTCHOU (H.), « La place du parquet ou ministère public dans les processus judiciaires communautaires : le cas de l'OHADA », *Revue de l'ERSUMA*, Droit des affaires - Pratique professionnelle, n° 1, juin 2012, pp. 490 - 49.

43. TJOUEN (A. D.), « L'exécution des décisions de justice en droit camerounais », *revue internationale de droit comparé*, Paris 2000, pp. 429 - 442

44. TONGA (D.), « L'avis de la Cour commune de justice et d'arbitrage du 30 avril 2001 : aspects généraux et fiscaux », *JP* n° 62, avr. - mai - juin 2005, pp. 81- 86.

45. VANDERMEEREN (R.), « Force publique (Refus de concours de la force publique) », *Rép. resp. puiss. publ. Dalloz*, janvier 2009.

46. VINCKEL (F.), « droit de l'exécution - Présentation générale », *JCl. V. E.*, Fasc. 120, 22 octobre 2015.

IV- DISCOURS ET COMMUNICATIONS

1. JARDIN (du J.), « Le ministère public dans ses fonctions non pénales », Discours prononcé à l'audience solennelle de rentrée de la Cour de cassation de Belgique 1er septembre 2004.
2. MARIN (J.-C.), « Réflexion sur le statut du magistrat du parquet », Discours prononcé lors du colloque sur « Le statut du magistrat », organisé le vendredi 18 décembre 2015 en partenariat avec l'université Panthéon-Assas (Paris 2) et l'association française pour l'histoire de la justice (AFHJ), disponible sur le site de la Cour de cassation de France : www.courdecassation.fr.
3. TIMTCHUENG (M.), « L'immunité d'exécution des personnes morales publiques au Cameroun », Conférence de Master II en droit, Université de Dschang, année académique 2015 - 2016.

V- LÉGISLATIONS

1. Constitution de la république.
2. Traité relatif à l'OHADA.
3. Acte uniforme OHADA n° 6 sur les procédures simplifiées de recouvrement et les voies d'exécution.
4. Code de procédure civile et commerciale.
5. Code de procédure pénale.
6. Loi n° 2016/007 du 12 juillet 2012 portant Code pénal.
7. Loi n° 92/008 du 14 août 1992 fixant certaines dispositions relatives à l'exécution des décisions de justice, modifié par la loi n° 97/018 du 7 août 1997.
8. Loi n° 2006/015 du 29 décembre 2006, portant organisation judiciaire au Cameroun, modifiée et

complétée par la loi n° 2011/027 du 14 décembre 2011.

9. Loi n° 2006/016 du 29 décembre 2006 fixant l'organisation et le fonctionnement de la Cour suprême.

10. Loi n° 2006/022 du 29 décembre 2006 fixant l'organisation et le fonctionnement des tribunaux administratifs.

11. Loi n° 2007/001 du 19 avril 2007 instituant le juge du contentieux de l'exécution et fixant les conditions de l'exécution au Cameroun des décisions judiciaires et actes publics étrangers ainsi que les sentences arbitrales étrangères.

12. Décret n° 79/448 du 5 Nov. 1979 portant règlementation des fonctions et fixant le statut des Huissiers, modifié par les décrets n° 85/238 du 22 février 1985 et n° 98/170 du 27 août 1998.

13. Décret n° 94/199 du 17 octobre 1994 portant statut général de la fonction publique de l'État.

14. Décret n° 95/048 du 8 mars 1995 portant statut de la Magistrature, modifié par celui n° 2000/310 du 03 novembre 2000 et n° 2004 du 13 avril 2004.

15. Décret n° 2008/377 du 12 novembre 2008 fixant les attributions des chefs de circonscriptions administratives et portant organisation et fonctionnement de leurs services.

16. Arrêté n° 6437/CAB/MFPRA du 21 septembre 2000 fixant les modalités de l'exercice de l'action récursoire.

17. Lettre circulaire n° 259 du 19 juin 2001 du Garde des Sceaux, ministre de la Justice de la République de Côte d'Ivoire relative à l'exécution des décisions de justice.

VI- TABLE CHRONOLOGIQUE DE JURISPRUDENCES

1. TC, 8 février 1873, affaire *Blanco.*
2. CE, 30 novembre 1923, affaire *Couitéas.*
3. CE, Ass., arrêt du 14 janvier 1938, *Société anonyme des produits laitiers « La fleurette ».*
4. CCA/CAY, arrêt n° 370 du 3 septembre 1955, ESSINDI ESSAMA c./Administration du territoire.
5. CFJ/AP, arrêt n° 20 du 20 mars 1968, affaire NGONGANG NJANKE Martin c./État du Cameroun.
6. CFJ, Ass. Pl., arrêt n° 4 du 28 octobre 1970, Société des grands travaux de l'Est.
7. CEDH, arrêt ***Hornsby c./Grèce,*** 19 mars 1997.
8. TGI du Moungo, Jugements n°s 06/CC/ADD, 07/CC/ADD et 08/CC du 13 septembre 2000.
9. CCJA, arrêt n° 003/2002 du 10 janvier 2002, affaire société SIEM c./Société ATOU et BICICI.
10. C.A. d'Abidjan, arrêt n° 1124 du 8 avril 2003, affaire Société ASH INTERNATIONAL et autres c./HAMED BASSAM Traoré et autres.
11. CCJA, arrêt n° 016/2004 du 29 avril 2004, affaire Scierie d'Agnibilékrou WAHAB NOUHAD dite SDA – Monsieur WAHAB NOUHAD Rachid c./Monsieur HASSAN SAHLY.
12. Tribunal régional hors classe de Dakar (Sénégal), Jugement du 14 juillet 2004, affaire TRANSAIR c./État du Sénégal et la société EEXIMCOR, www.ohadata.com Ohadata J-06-02.
13. CCJA, arrêt n° 057 du 22 décembre 2005, affaire SGBC c/ESSOH Grégoire (Esgeg Voyages), *JP* n° 69, janv. – fév. – mars 2007, pp. 51 - 57.

14. CCJA, arrêt n° 059/2005 du 22 décembre 2005, affaire : Banque internationale pour l'Afrique Occidentale – Côte d'Ivoire dite BIAO C./Société ivoirienne de Produits et de Négoce dite IPN

15. CCJA arrêt n° 027/2008 du 30 avril 2008, affaire Société African Petroleum Consultants dite APC c./État du Cameroun.

16. CEDH, 5e Sect. 10 juillet 2008, affaire Medvedyev c./France, req. n° 3394/03

17. CCJA, arrêt n° 021/2009 du 16 avril 2009, affaire Société Africaine pour le Développement de l'Industrie, l'Habitat et le commerce, dite Groupe SAD c./Société ivoirienne d'Assurance mutuelle dite SIDAM S.A.

18. TPI de Dschang, jugement n° 414/COR du 13 juillet 2010, affaire Ministère public et dame NOUGME née TSAFACK Joséphine, MELOUNOU Joseph, EJUKA Guy Achille c/Dame TESSA TAWAMBA, Sieur FEUDJION Georges et VOUGMO DJUA MBOU'SEKO Magloire, Obs. ASSONTSA (R.), *Penant* n° 875, avr. - mai - juin 2011, pp.261 et s.

19. CEDH, 5e Sect., 20 novembre 2010, affaire France Moulin c./France, Requête n° 37104/06.

20. CE, 6e et 1re sous-sections réunies, 11 février 2011, n° 325253.

TABLE DES MATIÈRES

DROIT,
DROIT PUBLIC
AUX ÉDITIONS L'HARMATTAN

Dernières parutions

LA COUR CONSTITUTIONNELLE ET LE PEUPLE AU BÉNIN
D'un juge constitutionnel institué à un procureur suzerain
Oladé Okunlola Moïse Laleye
Préface de Pierre E. Ehoumi - Postface de l'abbé Arnaud Eric Aguénounon
L'institution d'un nouveau juge constitutionnel après la longue nuit du régime révolutionnaire totalitaire au Bénin de 1972 à 1989 s'illustre comme l'achèvement de la lutte du peuple pour la démocratie, les libertés de l'Etat de droit depuis les origines précoloniales du pays. Après un quart de siècle d'exercice de son office, la cour constitutionnelle pèche irrésistiblement par la qualité de sa productivité jurisprudentielle. Cet ouvrage propose d'ouvrir un débat sur la cour constitutionnelle au regard d'une évaluation objective de sa production juridictionnelle, voire institutionnelle. Ainsi la justice constitutionnelle retrouvera son sens et sa mission républicaine.
(Coll. Études africaines, 686 p., 49 euros)
ISBN : 978-2-343-14822-9, EAN EBOOK : 9782140095801

L'ÉVOLUTION CONSTITUTIONNELLE ET JURIDICTIONNELLE DE LA RÉPUBLIQUE CENTRAFRICAINE À TRAVERS LES TEXTES
Danièle Darlan
Préface de Jean-Dominique Penel
Ce livre offre une synthèse claire et indispensable à toute personne qui veut comprendre comment se sont élaborées et modifiées les sept institutions successives de la République centrafricaine depuis l'indépendance en 1960 jusqu'en 2017 et comment, dans le même temps, les institutions judiciaires se sont façonnées et enrichies, du moins au niveau des textes, car l'application, pourtant logiquement nécessaire, de la Justice pose encore bien des problèmes.
(Coll. Études africaines, 174 p., 18,5 euros)
ISBN : 978-2-343-15418-3, EAN EBOOK : 9782140096358

LES FINANCES LOCALES SÉNÉGALAISES
Abdourahmane Dioukhané
L'étude des finances publiques locales du Sénégal, pays membre de l'UEMOA, s'appuie à la fois sur la règlementation édictée au plan communautaire et sur les textes internes régissant la matière. Après avoir présenté le périmètre des finances locales et abordé la question de leur autonomie, l'auteur analyse, successivement,

les questions relatives au cadre budgétaire et comptable des budgets locaux, à leur financement, à leur élaboration, à leur exécution et au contrôle de cette exécution.

(Coll. Finances publiques, 236 p., 25 euros)

ISBN : 978-2-343-15088-8, EAN EBOOK : 9782140094101

LE DROIT DE L'ENVIRONNEMENT : DE L'INITIATION AU MÛRISSEMENT

Contribution d'une juriste sénégalaise

Mariane Seck

Préface du pr Babacar Gueye

La protection juridique de l'environnement semble s'être amorcée au niveau local dans la globalité des pays riches ou pauvres. Bien que ces derniers soient à la traîne de par leur capacité à mettre en pratique leur arsenal juridique naissant, il n'en demeure pas moins que l'élan intentionnel international emportera tous les pays dans la vague protectionniste.

(Coll. Harmattan Sénégal, 236 p., 22,5 euros)

ISBN : 978-2-343-14673-7, EAN EBOOK : 9782140090820

VERROUS ET CONTRÔLES CONSTITUTIONNELS EN AFRIQUE

Pour des mécanismes efficients

Claude Kayembe-Mbayi

Préface d'Etienne Tshisekedi Wa Mulumba

Cet ouvrage nous plonge dans la réalité peu reluisante des révisions constitutionnelles intempestives en Afrique. Qu'est-ce qui ne va pas décidément en Afrique ? Ce continent est-il à jamais condamné à jouer le parent pauvre de la démocratie ? Ce système de gestion des Etats lui convient-il ? La pratique électorale lui est-elle adaptée ? Existe-t-il une démocratie propre à l'Afrique ?

(Coll. Études africaines, 466 p., 44 euros)

ISBN : 978-2-343-11187-2, EAN EBOOK : 9782140090547

LA CONSTITUTION CONGOLAISE DU 25 OCTOBRE 2015

interprétée article par article

Lovane Lhakhy-Tsamby

La constitution est la loi suprême d'un État. Lorsqu'elle n'est ni lue, ni comprise, chaque citoyen peut y aller de son interprétation. C'est pourquoi cet ouvrage, à caractère pédagogique, vise à éluder les avis juridiques partisans ou fantaisistes de certains individus.

(Coll. Harmattan Congo-Brazzaville, 200 p., 20,5 euros)

ISBN : 978-2-343-13141-2, EAN EBOOK : 9782140054617

PRÉCIS DE CONTENTIEUX DES CONTRATS PUBLICS AU CAMEROUN

Jacques Biakan

Préface de Alain Ondoua

L'étude met en exergue les caractéristiques particulières du contentieux des contrats publics. Elle rend visible les sources du contentieux des contrats publics et développe d'abord les mécanismes ou instruments "d'évitement du contentieux" et ensuite les techniques "d'accomplissement du contentieux". Ce livre est une source profonde de connaissances scientifiques, techniques et procédurales en matière de contentieux des contrats au Cameroun et, à titre d'exemple comparatif, en France.

(162 p., 17,5 euros)

ISBN : 978-2-343-13541-0, EAN EBOOK : 9782140053139

LA SOUVERAINETÉ DE LA COPRINCIPAUTÉ D'ANDORRE

Diesteffany Gil Machado Leão Torres

Fruit d'une sentence arbitrale entre la France et l'évêque d'Urgel, l'Andorre se présente comme un modèle de souveraineté sui generis grâce ou à cause de l'indivisibilité de sa souveraineté entre le coprince épiscopal et le coprince président de la République française. Cela lui a permis de se construire et de se développer grâce aux soutiens français et espagnol. Mais l'appui des coprinces semble s'affaiblir, et d'autres partenaires, comme le Conseil de l'Europe, voire l'Union européenne, prennent une importance grandissante.

(Coll. Droit comparé, 294 p., 30 euros)

ISBN : 978-2-343-13170-2, EAN EBOOK : 9782140049064

LA RÉFORME CONSTITUTIONNELLE DU 20 MARS 2016 AU SÉNÉGAL

La révision consolidante record

Ismaïla Madior Fall

L'objectif de cet essai est de présenter la vision, la philosophie, les objectifs et le modus operandi de la réforme constitutionnelle du 20 mars 2016 dont l'histoire révélera l'étendue de la richesse et qui est, sans nul doute, en dehors de celle de 1976 ayant fait passer le pays du parti unique au multipartisme, la plus marquante de l'évolution démocratique du Sénégal.

(Coll. Harmattan Sénégal, 200 p., 20,5 euros)

ISBN : 978-2-343-06449-9, EAN EBOOK : 9782140045417

LE SERVICE PUBLIC MARCHAND EN AFRIQUE ET DANS LE MONDE

Rigobert Akoulabo

Le service public marchand a été longtemps le pilier de l'économie de tout État, de l'Occident à l'Afrique. Du fait qu'il soit marchand, le service public est soumis aux règles de la concurrence, soumises elles-mêmes à certaines dérogations. Le système d'arbitrage opte pour une certaine harmonisation des systèmes juridiques en Europe et en Afrique.

(Coll. Harmattan Congo-Brazzaville, 130 p., 14,5 euros)

ISBN : 978-2-343-10354-9, EAN EBOOK : 9782140043437

DROIT DU CONTENTIEUX INTERNATIONAL AFRICAIN

Jurisprudences et théorie générale des différends africains

Saidou Nourou Tall

Préface de Ahadzi Nonou Koffi - Avant-propos de Mamadou Badji

Cet ouvrage de référence, très documenté, mêle à la fois la théorie générale du droit des contentieux et l'originalité et/ou spécificités des juridictions et justiciables africains. Il est une remarquable contribution à la compréhension et à la complexité des contentieux internationaux et de leur règlement sous le prisme du Droit.

(562 p., 50 euros)

ISBN : 978-2-343-15555-5, EAN EBOOK : 9782140097843

LA CONVERSION DES ACTES JURIDIQUES

Hafedh Bouaziz

Préface d'Olivier Gout. Avant-propos de Sami Jerbi

Cet ouvrage voudrait contribuer à faire de la conversion une notion connue et reconnue en droit. Pour y parvenir, l'auteur propose une analyse renouvelée de cette institution dans son acception et sa mise en oeuvre. Il s'agit alors de redéfinir la notion même de conversion. L'essor de la conversion invite aussi à s'engager sur le chemin de la rénovation de son régime, dans le sens de l'accroissement des pouvoirs du juge en la matière.

(Coll. Logiques Juridiques, 510 p., 45 euros)

ISBN : 978-2-343-15031-4, EAN EBOOK : 9782140098086

LE DROIT MARITIME DANS LA ZONE CEMAC

Eric Dibas-Franck

Volontairement limité au Droit maritime dans la communauté économique et monétaire de l'Afrique centrale (CEMAC), cet ouvrage a pour ambition de faire le point sur la construction du droit maritime dans cette zone en scrutant le Code communautaire de la marine marchande. Les grands problèmes contemporains du Droit maritime comparé ou international y trouvent des réponses précises. Le livre est également enrichi d'une jurisprudence inédite.

(Coll. Affaires maritimes et Transports, 258 p., 26 euros)

ISBN : 978-2-343-14948-6, EAN EBOOK : 9782140096082

L'AMÉNAGEMENT CONVENTIONNEL DE LA SOCIÉTÉ COMMERCIALE EN DROIT FRANÇAIS ET EN DROIT OHADA

Wendkouni Judicaël Djiguemdé

Préface de Bernard Saintourens

Toute législation en matière économique se doit d'être souple et adaptée à l'évolution du monde des affaires. Le droit des sociétés OHADA n'échappe pas à ce principe.Cette étude participe de l'élaboration d'un régime juridique adapté, permettant de sécuriser les aménagements conventionnels, signe d'une contractualisation du droit des sociétés.

(Coll. Le Droit aujourd'hui, 458 p., 42 euros)

ISBN : 978-2-343-14563-1, EAN EBOOK : 9782140096013

Structures éditoriales du groupe L'Harmattan

L'Harmattan Italie
Via degli Artisti, 15
10124 Torino
harmattan.italia@gmail.com

L'Harmattan Hongrie
Kossuth l. u. 14-16.
1053 Budapest
harmattan@harmattan.hu

L'Harmattan Sénégal
10 VDN en face Mermoz
BP 45034 Dakar-Fann
senharmattan@gmail.com

L'Harmattan Cameroun
TSINGA/FECAFOOT
BP 11486 Yaoundé
inkoukam@gmail.com

L'Harmattan Burkina Faso
Achille Somé – tengnule@hotmail.fr

L'Harmattan Guinée
Almamya, rue KA 028 OKB Agency
BP 3470 Conakry
harmattanguinee@yahoo.fr

L'Harmattan RDC
185, avenue Nyangwe
Commune de Lingwala – Kinshasa
matangilamusadila@yahoo.fr

L'Harmattan Congo
67, boulevard Denis-Sassou-N'Guesso
BP 2874 Brazzaville
harmattan.congo@yahoo.fr

L'Harmattan Mali
Sirakoro-Meguetana V31
Bamako
syllaka@yahoo.fr

L'Harmattan Togo
Djidjole – Lomé
Maison Amela
face EPP BATOME
ddamela@aol.com

L'Harmattan Côte d'Ivoire
Résidence Karl – Cité des Arts
Abidjan-Cocody
03 BP 1588 Abidjan
espace_harmattan.ci@hotmail.fr

L'Harmattan Algérie
22, rue Moulay-Mohamed
31000 Oran
info2@harmattan-algerie.com

L'Harmattan Maroc
5, rue Ferrane-Kouicha, Talaâ-Elkbira
Chrableyine, Fès-Médine
30000 Fès
harmattan.maroc@gmail.com

Nos librairies en France

Librairie internationale
16, rue des Écoles – 75005 Paris
librairie.internationale@harmattan.fr
01 40 46 79 11
www.librairieharmattan.com

Librairie l'Espace Harmattan
21 bis, rue des Écoles – 75005 Paris
librairie.espace@harmattan.fr
01 43 29 49 42

Lib. sciences humaines & histoire
21, rue des Écoles – 75005 Paris
librairie.sh@harmattan.fr
01 46 34 13 71
www.librairieharmattansh.com

Lib. Méditerranée & Moyen-Orient
7, rue des Carmes – 75005 Paris
librairie.mediterranee@harmattan.fr
01 43 29 71 15

Librairie Le Lucernaire
53, rue Notre-Dame-des-Champs – 75006 Paris
librairie@lucernaire.fr
01 42 22 67 13

www.ingramcontent.com/pod-product-compliance
Lightning Source LLC
LaVergne TN
LVHW021223061026
849535LV00008B/2890
* 9 7 8 2 3 4 3 1 5 7 2 3 8 *